LE PROGRÈS

PAR LE CHRISTIANISME

Paris. — Imprimerie Adrien Le Clere, rue Cassette, 29.

LE PROGRÈS

PAR LE CHRISTIANISME

CONFÉRENCES DE NOTRE-DAME DE PARIS

PAR

LE R. P. FÉLIX

de la Compagnie de Jésus.

> *Crescamus in illo per omnia qui est caput Christus.*
>
> Croissons de toute manière dans le Christ notre chef.
>
> (Eph. IV, 15.)

ANNÉE 1862

PARIS

LIBRAIRIE D'ADRIEN LE CLERE ET Cie
IMPRIMEURS DE N. S. P. LE PAPE ET DE L'ARCHEVÊCHÉ DE PARIS
Rue Cassette, 29, près Saint-Sulpice.

C. DILLET, LIBRAIRE, RUE DE SÈVRES, 15.

1862

Droit de reproduction et de traduction réservé.

PREMIÈRE CONFÉRENCE

PREMIÈRE CONFÉRENCE

PROGRÈS DE L'INTELLIGENCE

PAR L'HARMONIE DE LA RAISON ET DE LA FOI.

Messieurs,

Depuis longtemps vous me suivez dans cette course déjà longue que nous faisons ensemble à travers le siècle et le christianisme, à la lumière de Dieu et de son Christ; et, comme le voyageur qui a fourni une grande partie de sa route, j'éprouve le besoin de faire avec vous une halte en chemin, pour mesurer l'espace déjà parcouru, et entrevoir les horizons qui nous restent à parcourir, si toutefois la Providence nous appelle à les parcourir en effet.

Après trois années consacrées tout entières aux questions sociales, alors fort actuelles et fort retentissantes, nous nous sommes arrêtés devant cette grande et radieuse idée, qui apparaissait à l'horizon des peuples modernes comme l'astre de l'espérance et l'étoile de l'avenir : le Progrès. Nous avons recherché d'abord les bases générales et déterminé la nature du véritable Progrès ; nous en avons ensuite signalé dans la concupiscence l'obstacle le plus profond et le plus universel ; nous avons enfin, dans ces dernières années, montré successivement comment le christianisme établissant ces bases et renversant cet obstacle, réalise le Progrès dans la vie morale, dans la vie sociale, dans la vie domestique, et comme complément de ces trois choses, dans l'éducation, qui est la formation de l'homme à la société par la famille.

Sauf quelques oppositions antichrétiennes et quelques attaques excentriques, contre-épreuve obligée du vrai christianisme et du bon sens, cet enseignement, je dois le dire, a rencontré peu de contradicteurs. Nos adversaires eux-mêmes ne sont pas éloignés de reconnaître que sur ce terrain de la vie morale, de la vie sociale et de la vie domestique, le christianisme, et très-spécialement le catholicisme, a, pour réaliser le Progrès, une efficacité incomparable.

« Mais là, disent-ils, ne se borne pas tout le Progrès qu'appellent la société moderne et l'esprit nouveau. Il est d'autres sphères où le Progrès non-seulement se meut en dehors du christianisme, mais où il rencontre dans le christianisme, et surtout dans l'Eglise catholique, son naturel ennemi. Là, sur divers points très-graves laissés dans l'ombre avec une prudence intéressée, le siècle vous provoque et vous jette ses défis : la science vous attend, l'art vous attend, l'économie vous attend, l'histoire vous attend. Et tout d'abord le rationalisme vous attend dans le domaine de la grande science qui aspire à gouverner seule les intelligences ; il vous reproche d'arrêter par la théologie la marche de la philosophie, par le dogme la marche des idées, par la foi la marche de la raison. Là, dans une lumière qui grandit tous les jours, vous êtes accusés d'enrayer dans la sphère du vrai le progrès de l'esprit humain. Vous avez beau faire, vous ne pouvez reculer toujours devant cette difficulté qui vous poursuit le glaive de la discussion à la main; et vous n'échapperez pas indéfiniment à cette objection qui vous presse de tous les points du monde où il y a une parole pour vous dénoncer et une âme pour vous interroger. En levant devant nous, au nom de l'Eglise catholique, le drapeau du Progrès, vous avez été hardi; soyez-le jusqu'au bout. Devant la philosophie et la science, au point de vue du Progrès, quelle est votre attitude? On vous oppose l'incompatibilité intrinsèque de l'enseignement catholique et du progrès intellectuel; que faut-il en penser ? Une fois au moins osez-le dire : le siècle, sur ce point, vous somme de vous expliquer. »

Messieurs, nous acceptons le défi que nous jette le rationalisme, et nous posons hardiment le pied sur le champ clos où il nous provoque au combat. J'ai beau essayer d'avoir peur, je ne parviens pas à m'effrayer. Je sens dans mon impuissance l'invincible force de la vérité. Je marcherai sur ce terrain nouveau avec une ferme simplicité, fort de votre fraternel appui et de cette confiance en Dieu qui fait oublier la faiblesse de l'homme.

J'entre sans hésiter au cœur de mon sujet. On oppose au progrès intellectuel par le christianisme l'incompatibilité de la raison et de la foi, de la philosophie et de la théologie : je commence par établir que l'harmonie de ces deux choses constitue précisément le vrai progrès de l'esprit humain. Montrer comment cette harmonie de la raison et de la foi, en principe, peut exister; comment elle est de fait constituée en Jésus-Christ; comment elle agrandit en effet l'esprit humain : c'est tout l'objet de cette conférence. Vous n'attendez pas que sur un point si délicat une seule conférence réponde à tout. Ce discours n'est qu'un phare posé au rivage pour éclairer la route. Nous aborderons en leur lieu les difficultés qui nous attendent.

I

L'harmonie entre la raison et la foi peut-elle exister? et ainsi peut-on admettre que le progrès de la foi est intrinsèquement compatible avec le progrès de l'esprit humain? Telle est la première question qui se pose devant nous. Ici, je le sais, je rencontre au seuil de mon sujet un préjugé que je ne crains pas d'appeler immense. Ce préjugé m'arrête et me dit : Vous voulez montrer l'harmonie de la raison et de la foi : c'est commencer par l'impossible ; c'est chercher l'harmonie dans la contradiction. La raison et la foi, la philosophie et la théologie sont incompatibles ; leur antagonisme est radical ; il tient à l'essence des choses. Suivre la raison, c'est voir tout ce que l'on affirme ; suivre la foi, c'est croire tout ce que l'on ne voit pas. L'une est l'intuition, l'autre est le mystère : deux choses qui se repoussent éternellement. Vous voulez être philosophe, il faut cesser d'être chrétien ; vous voulez être chrétien, il faut renoncer à être philosophe. « Mon ami, disait un jour à un jeune catholique un philosophe de quelque renom, comment se peut-il faire qu'avec votre bon sens, vous n'ayez pas encore aperçu la contradiction qui existe entre la religion et la philosophie, et l'impossibilité où elles sont d'exister toutes deux à la fois ? »

Telle est la leçon que plus d'un maître célèbre a enseignée à la jeunesse du XIX° siècle. Pour plusieurs, cet antagonisme de la religion et de la philosophie était le premier mot de la philosophie. C'était commencer par une erreur la recherche de la vérité; c'était appuyer sur une ignorance tout l'édifice du savoir. Déjà beaucoup de grandes intelligences sont revenues de cette duperie philosophique, qui s'imposait au nom de la sagesse. Mais, il faut l'avouer, la tyrannie du préjugé a tellement sur ce point subjugué le vulgaire des penseurs, que cette question : *Entre la raison et la foi l'harmonie est-elle possible ?* garde toute son importance et toute son actualité.

Et d'abord, Messieurs, voulez-vous savoir quelle est sur ce point décisif la pensée de l'Église ? La voici telle que naguère elle nous venait de Rome, comme une messagère de paix, invitant les esprits à s'embrasser dans la vérité de la doctrine clairement formulée. Cette voix conciliatrice, parlant à des enfants de la France, disait :

« Bien que la foi soit supérieure à la raison, il est impossible de découvrir entre l'une et l'autre aucun principe de désaccord ; parce que, toutes deux dérivant de la source unique et invariable de la vérité, elles se portent nécessairement un mutuel secours. »

Ces paroles résument avec une simplicité profonde et une clarté populaire la doctrine de l'Église sur l'alliance qui doit unir la raison et la foi, la philosophie et la théologie. Elles affirment entre ces deux choses le principe éternel de toute harmonie, l'union et la distinction : non-seulement, dans la pensée de l'Église, ces deux puissances peuvent s'accorder, elles le doivent ; distinctes, mais unies, elles constituent la doctrine totale et la plénitude de la sagesse.

A la bonne heure, direz-vous, l'Église est de cet avis ; mais la raison sur ce point est-elle d'accord avec l'Église ? La question, pour nous, n'est pas seulement de savoir si l'union de la raison et de la foi peut être consacrée comme une donnée de la théologie ; la question est avant tout de décider si elle peut être admise comme une donnée de la raison ? Cela revient à demander : en dehors des vérités que notre raison peut atteindre directement et par elle-même, est-il possible qu'il existe d'autres vérités par elles-mêmes et directement inaccessibles à notre raison ? Et ces deux sphères de vérités peuvent-elles, en demeurant distinctes, s'unir pour composer une sagesse complète ?

Messieurs, si une question analogue était posée dans l'ordre purement matériel ; si l'on vous disait, par exemple : au-dessus des soleils et des étoiles que découvrent vos télescopes, est-il possible qu'il y ait d'autres soleils et d'autres étoiles qui se dérobent à votre regard, et que même tous les progrès de la science ne vous permettront jamais de découvrir ? certes, la réponse ne se ferait pas attendre ; vous diriez : Oui, par delà ce monde ouvert à mon regard, j'admets la possibilité d'autres mondes ; et je comprends que ces mondes que je n'aperçois pas, peuvent être unis au monde que j'aperçois, pour former avec lui l'universel concert des mondes. Eh bien! Messieurs, je ne crains pas de le dire, la question posée dans l'ordre intelligible est encore plus simple et plus facile à résoudre. Si notre vision matérielle a ses limites naturelles, pourquoi notre vision spirituelle n'aurait-elle pas les siennes? S'il peut y avoir dans l'ordre physique des étoiles et des soleils que notre œil ne peut découvrir; pourquoi n'y aurait-il pas dans le monde intelligible des idées et des vérités inaccessibles, étoiles et soleils d'un monde qui se dérobe à notre regard, pour ne se montrer qu'aux regards de Dieu? Et pourquoi Dieu, s'il le veut, en nous découvrant lui-même ce monde que par nous-mêmes nous ne pouvions découvrir, ne pourrait-il harmonieusement unir dans l'âme humaine ces deux sphères de la vérité, pour en former une seule doctrine complète et obligatoire pour tous? Je demande en quoi ce monde supérieur, qui serait le monde de la foi, pourrait être en contradiction avec ce monde inférieur, qui serait celui de la raison? Qu'y a-t-il en cette hypothèse qui puisse abaisser l'intelligence et humilier l'esprit humain?

Ah! cette fière raison dont quelques hommes exaltent la puissance et revendiquent les droits avec des prétentions quelque peu superbes, nous consentons volontiers à la reconnaître aussi grande et aussi puissante qu'elle peut être. Je le demande aux plus jaloux d'entre vous des droits et de la puissance de la raison : que voulez-vous qu'on lui accorde? Quoi? qu'elle peut, appuyée sur l'expérience, creuser de plus en plus large et profond le sillon des découvertes scientifiques? Accordé. Qu'elle peut connaître que l'homme a une âme spirituelle, une volonté libre, et, au fond de cette âme, écrite par le doigt de Dieu une loi morale dont l'accomplissement constitue son devoir? Accordé. Qu'elle peut, dans l'ordre social, reconnaître certains principes de justice, d'ordre et de conservation? Accordé. Quoi encore? Qu'elle peut arriver à une certaine connaissance de la cause première? Savoir que Dieu existe, que ce Dieu est un, personnel, libre, infini dans toutes ses perfections? que ce Dieu, à titre de créateur, a sur l'homme un domaine absolu, et que l'homme a vis-à-vis de Dieu des obligations essentielles? Accordé,

accordé, vous dis-je. Certes je n'accorde pas que la raison humaine conduise infailliblement jusque-là tous les hommes qui font profession de ne relever que d'elle ; mais je dis qu'absolument elle y peut conduire ; et je ne sache pas que l'Église ait jamais prétendu contester cette puissance à la raison humaine développée au contact social.

Mais je veux aller plus loin ; je veux vous accorder encore plus que vous ne demandez. Je suppose votre raison en pleine possession de tout ce que Dieu créateur peut manifester de la nature, de l'homme, de lui-même. La création devant vous s'est déroulée comme un livre, et vous avez lu dans le plein jour de l'évidence le mot de toutes ses énigmes. Votre œil perfectionné par votre génie a plongé jusqu'au fond des cieux ; et ses obscurités lointaines ont fait place à des clartés inattendues. Les nébuleuses sont devenues pour vous des mondes transparents, où la puissance divine se montre à vos regards dans un jour radieux. La terre, elle aussi, vous a fait lire ses annales ténébreuses ; vous l'avez sommée de montrer dans la lumière les mystères de ses origines ; les profondeurs les plus obscures qui se cachent dans son sein, sont devenues lumineuses comme sa surface resplendissant au soleil. Vous avez percé toutes ses couches, compté tous ses cataclysmes, visité toutes ses nécropoles ; et vous avez écrit page par page l'histoire encore inédite de ses révolutions séculaires. L'homme lui-même, la plus grande énigme de la création, s'est laissé par votre raison explorer en tous sens. Vous avez creusé en lui et les mystères de l'esprit et les mystères de la matière. L'âme vous a découvert toutes ses facultés, et le corps tous ses organes ; ni une vibration de l'une, ni une fibre de l'autre n'a pu vous échapper. Après avoir tout saisi dans l'une et dans l'autre d'un sûr et lumineux regard, vous avez saisi d'un regard non moins sûr et non moins lumineux la grande énigme humaine, le nœud de leurs mutuels rapports ; le principe vital toujours cherché et toujours fuyant s'est laissé surprendre à la fin ; et votre génie, encore mieux que le philosophe, a pu s'écrier : *Je l'ai trouvé.* Dieu enfin interrogé par vous, de tous les abîmes du monde vous a répondu ; il vous a fait lire tout ce qu'il a écrit de lui dans le ciel, sur la terre, dans votre âme. En vous manifestant comme créateur ses perfections et ses droits, il vous a montré dans cette lumière de la raison, qui est son image resplendissante en vous, l'ensemble de vos devoirs envers lui, envers les autres, envers vous mêmes. Vous avez conquis par la puissance de la raison une science naturelle, une philosophie naturelle, une morale naturelle, une religion naturelle aussi parfaite et aussi complète que possible. Le triomphe de votre sagesse est achevé ; tout y est, rien n'y manque. De tous les rayons épars dans le monde matériel et dans le monde intelligible, vous avez formé un vaste foyer de lumière que vous nommez la science de l'homme ou la philosophie humaine. Votre raison sûre de ses conquêtes, s'admire elle-même dans toutes les sphères lumineuses ouvertes à ses regards ; et se voyant avec ivresse inondée de ses propres clartés, elle s'écrie : « Je sais les secrets de la nature, les énigmes de l'homme, les mystères de la création ; et Dieu même m'a montré dans des spectacles visibles ses invisibles perfections. Je suis la raison ; j'ai conquis tout ce qui m'appartient ; souveraine dans mon empire je me suffis à moi-même. »

Messieurs, êtes-vous satisfaits? Est-ce assez, vous semble-t-il, accorder à votre raison? — C'est trop, dites-vous; oui c'est trop cette fois flatter une raison déjà fière d'elle-même. Vous me dites avec Bossuet : « La sagesse humaine est toujours courte par quelque endroit; » et vous ajoutez avec Fénelon : « Cette philosophie naturelle, qui irait jusqu'au bout de la raison purement humaine, est un roman de la philosophie. » Mais je le veux bien supposer, ce roman de la philosophie c'est l'histoire de votre philosophie; votre raison humaine n'a été courte par aucun endroit; vous avez été non-seulement jusqu'au bout de la raison, mais par delà encore; et vous voilà parvenus à des hauteurs imaginaires et à des grandeurs fantastiques que je regarde comme réelles.

Eh bien, je vous le demande, arrivés là, si sublimes que soient vos découvertes, si vastes que soient vos connaissances, êtes-vous en droit de nier d'avance toute vérité qui ne rentre pas dans la sphère que vous embrassez? Après tout, que connaissez-vous de Dieu, de l'homme et de leurs rapports? Vous savez que Dieu est, mais ce qu'il est, le savez-vous? le pouvez-vous savoir? Vous connaissez Dieu tel qu'il se montre dans le monde et dans la grandeur de ses œuvres; mais Dieu tel qu'il est en lui-même, tel que lui-même se contemple dans les splendeurs de son essence, est-ce que vous le savez? est-ce que vous le pouvez savoir? Vous connaissez l'homme aussi, l'homme avec ses facultés, ses besoins et ses devoirs correspondant aux exigences de sa fin naturelle; mais l'homme avec ses besoins et ses devoirs correspondant à sa fin surnaturelle, le connaissez-vous? le pouvez-vous connaître? Si Dieu, en se révélant lui-même à l'homme sous un aspect nouveau et supérieur au premier, lui a donné une fin que sa nature seule ne peut atteindre, et si pour l'y conduire il a voulu lui donner une faculté nouvelle, une lumière nouvelle, des devoirs nouveaux; pouvez-vous dire que vous connaissez assez l'homme, et que par delà ce que la raison vous fait connaître et de lui et de Dieu il n'y a plus rien à savoir? Quelle est donc cette folie superbe qui prétend limiter la sphère de la vérité à l'horizon de son regard ? et plus loin que ce que vous voyez votre raison défiera-t-elle l'infinie Sagesse de lui montrer quelque chose ?

Je faisais tout à l'heure en faveur de la raison humaine une hypothèse qui, de votre aveu, dépasse la réalité : me permettez-vous maintenant de faire en faveur de la foi une hypothèse qui est la réalité même ? Je le suppose, Dieu, en voyant tout ce qu'il a fait pour l'homme dans la création, trouve qu'il n'a pas fait encore assez, et il vous dit à vous qui possédez en maître tout ce que la raison peut conquérir :

« Mon fils, écoute le dessein de mon amour, et reçois un nouveau don de ma bonté. Tu me connais, moi le père de l'humanité, moi l'auteur de la création, moi la cause première de la nature ; tu me connais, car tu as vu dans mes œuvres les vestiges de ma puissance, et au fond de ta raison tu as vu ma lumière. Je veux te faire un don plus magnifique : je vais t'ouvrir mon sein et tu connaîtras le mystère même de ma vie. Tu as vu mon image, et par elle tu as connu que je suis ; je veux te révéler mon essence, et tu connaîtras ce que je suis. Tu m'as vu dans le monde et en toi sous une lumière réfléchie ; tu verras ma lumière elle-même, en elle-même, en son foyer vivant. En te donnant l'empire de la création, je ne t'imposais pour fin et pour devoir que de me connaître comme père du monde et comme auteur de la nature. En te faisant ce don nouveau, don libéral et gratuit par excellence, je te donne pour devoir et pour fin de me connaître comme auteur de la grâce sur la terre, et comme auteur de la gloire dans le ciel : bonheur sans égal, bonheur ineffable de me voir et de me posséder un jour, tel que je me vois et me possède moi-même, dans le sanctuaire de ma vie inaccessible à toute faculté créée et à toute humaine raison. Tel est mon dessein ; et je ne faillirai pas à l'harmonie de mon œuvre de choix. En posant devant toi ce terme placé plus haut que la nature, et que ta raison ne peut découvrir, je te prédestine pour l'entrevoir dans ta route une lumière supérieure à ta raison et une force supérieure à ta nature. Je te communiquerai sur la terre un commencement de ma lumière que tu appelleras la foi ; et cette lumière te révélera dans le demi-jour de l'exil la substance de ce que tu dois voir au terme dans le plein jour de la patrie. Et pour poursuivre et atteindre ce qui te sera montré par ta foi, tu recevras un commencement de ma vie que tu nommeras la grâce, et qui aura son complément dans la vision intuitive de ma gloire et dans la possession finale de ma vie. Et parce que rien ni dans la nature ni dans la raison ne peut t'apprendre ce mystère, moi-même je te parlerai par mon Verbe; Verbe consubstantiel à moi-même, qui seul peut te dire ce que je suis, et comment on peut me connaître et me posséder dans mon essence. »

Je le demande, Messieurs, encore une fois aux philosophes même les plus fiers des conquêtes de la raison, si Dieu conçoit un tel dessein, s'il tient à l'homme un tel discours; que dis-je? s'il réalise ce qu'il a conçu et s'il fait ce qu'il a dit; qui osera prétendre qu'au delà de ce que la raison peut connaître il n'y a plus rien à connaître? Qui ne voit qu'à un ordre de connaissances naturelles résultant de la création, et qu'on peut nommer la philosophie humaine, il s'ajoute tout un ordre de connaissances surnaturelles résultant de cette libre communication de Dieu à l'homme, que l'on appelle la révélation divine ? Qui ne comprend dès lors que de ces deux sphères de la vérité il peut se former une connaissance plus complète, une science croissante ? Et s'il est certain qu'il y a un point où ces deux ordres de vérités se rencontrent et se touchent ; si ces deux connaissances de la fin naturelle et de la fin surnaturelle et des moyens qui y conduisent, ont un principe et un centre identique ; qui osera soutenir qu'entre l'une et l'autre l'harmonie est impossible ?

Eh bien ! Messieurs, laissez-moi vous le dire avec le saint enthousiasme que cette pensée allume dans mon cœur d'apôtre ; ce centre radieux et vivant, où l'intelligence de l'homme et l'intelligence de Dieu s'embrassent au sein d'un même Verbe infaillible, il existe : Jésus-Christ Notre-Seigneur, Dieu et homme tout ensemble, auteur de la raison et auteur de la foi, et comme tel, foyer universel de la science totale.

O Verbe divin et incarné, type idéal et centre réel de la science chrétienne, paraissez ; montrez-nous réalisé dans votre personne trois fois sainte ce mariage sacré de la raison et de la foi, de la philosophie et de la théologie! C'est vous, oui vous seul, que nous prêchons, le Christ qui est la sagesse de Dieu et la sagesse de l'homme. Avec votre grand Apôtre, nous faisons profession de ne savoir que vous, ô Verbe crucifié! Ah! c'est qu'avec vous et en vous nous avons toute la lumière dont nous avons besoin, toute la lumière de la raison et toute la lumière de la foi, toute la lumière naturelle et toute la lumière surnaturelle, se rencontrant à leur unique foyer dans Celui qui a dit de lui-même : Je suis la lumière du monde : *Ego sum lux mundi*.

C'est le mystère qu'il faut ici vous exposer : l'harmonie de la raison et de la foi personnifiée en Jésus-Christ Notre-Seigneur.

II

Pour que l'harmonie puisse subsister entre la raison et la foi, la philosophie et la théologie, il faut qu'en demeurant distinctes elles se rencontrent à un point où elles puissent se toucher sans se confondre, et s'embrasser mutuellement sans s'absorber l'une dans l'autre. Il doit y avoir deux rayonnements, mais un seul foyer ; deux dérivations, mais un seul principe ; deux fleuves, mais une seule source ; deux domaines de la vérité, mais un seul maître de la vérité ; deux sciences, mais un seul docteur.

Or, Messieurs, il y a un centre unique où les deux sciences convergent et viennent s'unir sans se confondre ; il y a un foyer unique des deux rayonnements du vrai ; il y a une source unique des deux fleuves de la doctrine ; il y a un révélateur unique de la vérité complète : Jésus-Christ Notre-Seigneur, le seul Maître qui a dit de lui-même : Je suis la vérité.

Mais comment Jésus-Christ est-il en même temps foyer des deux lumières, centre des deux sphères de la vérité, auteur de la raison et auteur de la foi, et, comme tel, moteur de tout progrès intellectuel ? Pour exposer devant vous ce mystère où réside tout le secret de la philosophie chrétienne, je veux vous parler aussi rationnellement et aussi chrétiennement que possible ; et ceux qui parmi vous auraient le malheur de ne plus s'inspirer de Jésus-Christ, ont besoin de se placer un moment avec moi au centre du christianisme doctrinal, sous peine de ne rien comprendre à ce substantiel exposé de la doctrine.

Pour entendre ce secret de la grande science chrétienne, il faut se rappeler que Dieu n'a qu'un seul Verbe, mais que ce Verbe unique a deux manières de s'exprimer ou de se manifester. Selon la remarque judicieuse et profonde d'un écrivain catholique, Dieu a deux paroles : il a une parole publique et universelle, par laquelle il se montre par le dehors, mais par le dehors seulement ; et il a une parole intime et confidentielle, par laquelle il se montre par le dedans tel qu'il est et se connaît lui-même. L'homme, lui aussi, a ces deux sortes de parole. Il a une parole qui est pour tous et qui retentit devant tous. Par cette parole, il donne l'idée de sa puissance, sans livrer toutefois le mystère de sa vie. Mais il a une autre parole, parole d'intimité et de cœur à cœur, où son âme se montre à une autre âme avec tout son mystère. Nous admirons davantage la première ; mais nous aimons mieux la seconde : on se plaît à voir au dedans, dans une intimité qu'on aime, une âme qui retentit au dehors avec un éclat qu'on admire.

Or l'homme par cette double parole, comme par tout son être et par toutes ses facultés, n'est qu'un reflet de son Créateur. Dieu qui n'a qu'un seul Verbe consubstantiel à lui-même, a deux manières profondément distinctes de manifester son Verbe, et par lui et en lui toute la vérité. Il a sa parole publique et sa parole intime. Sa parole publique est celle qu'il prononce dans la création, la conservation et l'ordre de tous les êtres qui font l'harmonie de l'univers. Les minéraux, les végétaux, les animaux, les planètes, les étoiles, les soleils sont des paroles que Dieu prononce par son Verbe créateur. Ces paroles racontent à toute intelligence sa sagesse, sa puissance et sa gloire : *Cœli enarrant gloriam Dei*; et les sons de cette parole portent leur retentissement à toutes les extrémités de la terre, et jusqu'à ces profondeurs lointaines, où le Verbe créateur a organisé les mondes qui font la musique de la création.

Mais il est évident que par cette parole, si éclatante soit-elle, Dieu ne dit pas à l'homme le dernier mot de lui-même. Au sein même de cette harmonie retentissant dans l'univers par la voie de ses œuvres, il laisse dans un silence infini et dans une impénétrable obscurité le mystère de son être. Par cette parole, qui dit à qui sait l'entendre tout ce que la raison peut apprendre d'elle, le Verbe ne dit pas le secret de sa vie. Pour compléter avec les manifestations de lui-même les révélations de la vérité, il fallait à cette première parole ajouter la seconde parole; parole intime, pareille à un ami révélant à un ami le mystère de son cœur et le secret de sa vie. Il fallait, en un mot, que Dieu nous ouvrît son propre sein, et qu'il nous admît à regarder en lui, dans ce miroir de son Verbe, où lui-même se réfléchit au dedans, tandis que le monde le réfléchit au dehors.

Et voilà, Messieurs, tout le fond du mystère que nous essayons de vous montrer dans sa propre lumière. Dieu, pour nous instruire, ne s'est pas contenté de la parole prononcée, il y a six mille ans, par son Verbe créateur; il nous a donné la parole intime prononcée par le Verbe incarné; et comme il avait fait en nous la raison par la première création, il crée en nous la foi par ses divines confidences. Saint Athanase vous expose en des mots admirables cet admirable mystère. « Ce n'est plus, dit-il, comme dans les siècles passés, par l'image et l'ombre de sa sagesse jetée sur ses créatures, que Dieu a voulu se faire connaître : *Non amplius per imaginem et umbram sapientiæ ejus, quæ in rebus deprehenditur, voluit Deus innotescere*. Il a ordonné à sa Sagesse de prendre chair et de se faire homme : *Sed ipsam Sapientiam jussit carnem sumere et hominem fieri*. Et la Sagesse elle-même, le Verbe et la Raison de Dieu s'est incarnée : *Ipsa et Verbum et Ratio Dei caro facta est*; et par ce mystère divinement révélateur Dieu s'est manifesté tel qu'il est en lui-même.

Mais, je le sens, Messieurs, pour dire un si grand mystère, la parole de l'homme est trop petite; écoutez donc le Verbe de Dieu s'exprimant et se parlant lui-même par une voix inspirée.

« Au commencement le Verbe était; le Verbe était en Dieu, et le Verbe était Dieu : *Et Deus erat Verbum*. Par lui tout a été créé, et rien de ce qui est hors de lui n'a été fait sans lui. En lui était la vie, et sa vie était la lumière des hommes; et sa lumière a lui dans les ténèbres, et les ténèbres ne l'ont pas comprise. Il était la vraie lumière illuminant tout homme qui vient dans ce monde : *Erat lux vera quæ illuminat omnem hominem venientem in hunc mundum.* Et le Verbe s'est fait chair, et il a habité parmi nous : *Et Verbum caro factum est.* Nous avons vu sa gloire, gloire du Fils unique de Dieu le Père; nous l'avons vu portant en lui la plénitude de la grâce et la plénitude de la vérité : *Plenum gratiæ et veritatis.* Et nous tous disciples de la vérité incarnée pour illuminer nos intelligences, nous avons reçu avec sa plénitude l'héritage intègre de la vérité totale : *Et de plenitudine ejus omnes nos accepimus* : car si la loi nous fut donnée par Moïse, la grâce et la vérité nous furent données par Jésus-Christ : *Gratia et veritas per Jesum Christum* (1). »

Voilà le mystère de la vérité raconté par la parole de Dieu. Oh! que n'ai-je reçu, pour dire de telles choses devant un tel auditoire, une parole digne d'elles et de vous! Soyez at-

(1) Joan. I.

tentifs, Messieurs, et plongez-vous avec moi dans cette grande lumière qui sert à tout illuminer. Je touche par ma parole au pivot sur lequel l'esprit humain doit rouler à jamais. Voici le point central de toute philosophie et de toute théologie; voici le lieu sacré où la raison et la foi viennent s'embrasser dans leur inviolable union et leur éternelle distinction : mystère profond, mais radieux, qui n'a d'égale à sa divine profondeur que sa divine clarté! Vous demandiez comment Jésus-Christ est en personne la solution du problème que nous agitons; vous vouliez savoir comment tout ensemble auteur de la raison et auteur de la foi, il est le nœud de leur unité, le centre de leur harmonie, le sceau de leur alliance, et comme tel, foyer total de la sagesse complète? Je vous réponds par ces deux mots sacramentels : Verbe *créateur* et Verbe *incarné*.

Verbe *créateur*, par lui la lumière fut, et dans le monde des esprits et dans le monde des corps. C'est lui qui a jeté sur toute créature un reflet de son visage; lui qui, en imprimant son image au fond de l'âme humaine, a créé la raison; lui qui par ce premier rayonnement de sa face est le principe de toute philosophie humaine et de toute lumière naturelle.

Mais ce même Christ, Verbe créateur par qui tout a été fait, est en même temps le Verbe incarné par qui tout a été refait : comme tel, il nous parle sa seconde parole, la parole qui nous révèle le secret de sa vie intime; et par ce second rayonnement de lui-même il a créé avec la foi la science divine et la lumière surnaturelle. Il nous a parlé non plus seulement pour nous révéler ce que la raison nous manifestait déjà de lui; mais pour nous révéler de l'homme, de Dieu et de leurs rapports, ce que notre raison ne pouvait atteindre en lui.

Ainsi Jésus-Christ vu sous ses deux grandes faces se découvre comme le centre unique des deux sagesses ; Dieu et homme tout ensemble il abrége et résume en lui la science humaine et la science divine. Verbe créateur il est le foyer où s'allume notre raison ; Verbe incarné il est le foyer où s'allume notre foi ; et ces deux lumières d'une nature distincte ont un principe identique, et font dans l'âme qui reçoit l'une et l'autre le jour total de la vérité, telle que nous pouvons la voir dans l'exil, en attendant la vision de la patrie. Verbe créateur il éclaire tout entier le monde de la nature créé par lui-même ; Verbe incarné il éclaire le monde de la grâce qui est en lui et qu'il est lui-même. Verbe créateur il jette ses reflets sur toute créature et nous montre son image ; Verbe incarné il nous révèle son essence et se montre lui-même. Verbe créateur il nous découvre de la vérité et de lui tout ce que peuvent atteindre nos facultés créées ; Verbe incarné il nous montre dans sa propre lumière ce qui ne peut être connu que par l'increé lui-même. Verbe créateur il engendre la raison et donne naissance à la science humaine ; Verbe incarné il engendre la foi et donne naissance à la science divine. Verbe créateur il est le père de la philosophie ; Verbe incarné il est le père de la théologie. En un mot, Verbe créateur et incarné tout ensemble il engendre la sagesse qui porte son nom, parce que, émanant de lui tout entière, elle est la totale expression de lui-même, la sagesse *chrétienne*, la doctrine vraiment catholique, renfermant dans une vivante union ces deux choses entre lesquelles on essayerait en vain un divorce sacrilége et une séparation impossible : la philosophie et la théologie.

La philosophie et la théologie, unies par le foyer d'où elles émanent, distinctes par la sphère où elles se déploient ; la première ouvrant devant l'âme humaine l'intelligible naturel, la seconde ouvrant devant l'âme humaine l'intelligible surnaturel ; la philosophie et la théologie, deux rayons partis d'un même soleil, quoique d'une autre manière, mais pour éclairer des sphères éternellement diverses ; la philosophie et la théologie, toujours distinctes et jamais séparées, toujours unies et jamais confondues ; l'une faisant connaître Dieu dans ce que les docteurs nomment ses opérations *ad extra*, et dans ses rapports nécessaires avec les créatures ; l'autre le faisant connaître dans ses opérations *ad intra*, et dans ses libres relations avec les créatures ; la première marchant au flambeau de la raison et cherchant dans le créé tous les reflets du Créateur ; la seconde marchant au flambeau de la foi et nous révélant l'incréé dans une lumière initiale, qui doit croître sur la terre par le progrès de la foi au Verbe, pour se compléter dans le ciel par l'éternel face-à-face du Verbe vu et contemplé lui-même en lui-même!

Je le demande, Messieurs, à quiconque n'est pas d'avance armé contre la vérité, qu'y a-t-il de plus digne de tenir attentif l'esprit du chrétien et du philosophe, que cette synthèse de la vérité divine et humaine, personnifiée en Jésus-Christ Notre-Seigneur abrégé vivant de toute sagesse et de toute philosophie? Ce Verbe divin, qui a jeté de lui-même dans le monde et dans notre âme un reflet où la raison le reconnaît et se reconnaît elle-même en lui, comme une image dans le temps se reconnaît dans son type éternel; ce Verbe, dont les grandes intelligences de l'autre côté du Calvaire ont reçu le rayonnement, même à travers les ombres du paganisme; ce Verbe a voulu nous montrer, à nous race privilégiée, non plus seulement son image, mais lui-même, et avec lui le monde divin dont il est la splendeur. Deux fois illuminateur, nouvel Orient, sans cesser d'être le même soleil, il s'est levé sur ce monde pour en chasser les antiques ténèbres, et mieux faire reconnaître son image en se montrant lui-même. Tout ce qui est éclairé ne l'est que par un rayon de lui; et voici que, depuis bientôt deux mille ans, les ténèbres ne reculent que devant son visage. Non content d'ouvrir aux regards de l'humanité tout un monde inconnu, il éclaire d'une plus grande clarté le monde qu'elle connaissait déjà. Partout où les intelligences marchent à sa lumière, la vraie sagesse apparaît comme un fait populaire; et ce Verbe divin s'avance à travers l'humanité; il monte dans les siècles; il monte emportant avec lui-même les générations qui le suivent dans les régions de la lumière. Docteur universel, il est pour tous le Maître, le seul Maître : *unus est Magister*; il parle dans les deux mondes dont il est l'auteur et dont il demeure le centre; et tous les échos de sa parole attestent la même et infaillible voix : harmonie divine de la raison et de la foi, il prête à la foi la lumière de la raison, et agrandit la raison par la lumière de la foi.

Tel est en effet le résultat infaillible de cette harmonie des deux sagesses qui s'unissent en lui, l'*agrandissement* de l'esprit humain ou le progrès des intelligences.

III

Pascal, qui ne dédaignait pas pour l'humanité les honneurs du Progrès, et dont vous ne contestez pas vous-mêmes la vaste intelligence, Pascal, à force de raison, avait deviné cet agrandissement de la raison par la foi ; il disait : « Il y a trois mondes : le monde des corps, le monde des esprits, et un troisième monde, qui est Dieu, et qui est infini et surnaturel. La philosophie est du second monde ; elle doit dominer sur le premier, et elle doit se soumettre au troisième, non pour s'anéantir elle-même, mais pour monter plus haut. » Appliquée non au détail de la science des contingents, mais à la grande sphère de l'intelligible qu'habite comme son lieu natal le génie philosophique, cette observation si simple jette sur la question qui préoccupe en ce moment vos esprits une immense lumière ; elle révèle à qui veut entendre la source profonde du progrès intellectuel par le christianisme.

Un philosophe de nos jours, plus confiant qu'il ne faut dans les ressources de la raison pour créer la sagesse progressive, a dit quelque part : « Nous voulons créer une doctrine élevée et large comme l'esprit humain. » C'est beaucoup d'ambition ; j'ose dire cependant que ce n'est pas encore assez. Une doctrine fût-elle élevée et large comme l'esprit humain, ne serait encore ni assez élevée ni assez large, en un mot, assez grande. Pour qu'une doctrine opère le progrès dans les intelligences, il faut qu'elle agrandisse l'esprit humain, et pour l'agrandir, rien n'est plus évident, il faut qu'elle soit elle-même plus grande que lui. L'esprit humain n'a que deux manières de grandir dans la connaissance de la vérité : mieux voir ce qu'il voyait déjà, c'est-à-dire perfectionner sa vision ; voir ce qu'il ne voyait pas, c'est-à-dire étendre le champ de sa vision. Ici, Messieurs, est le point décisif. Ce qui fait tourner la philosophie purement humaine dans un cercle éternel, où elle marche toujours sans s'agrandir jamais, c'est que, quoi qu'elle fasse, elle a sa mesure qu'elle ne dépasse pas ; c'est que la raison n'est pas plus grande que la raison. Au contraire, ce qui fait de cette vaste synthèse de la raison et de la foi, de la philosophie et de la théologie, l'inévitable agrandissement de l'esprit humain, c'est qu'elle donne à l'esprit humain quelque chose de plus élevé, de plus étendu, en un mot, de plus grand que lui-même.

L'homme qui, se posant seul au centre de sa propre vie, n'admet d'autre réalité que la nature et d'autre lumière que sa raison, se déshérite de ces deux principes d'agrandissement qui n'en font qu'un : s'élever au-dessus et s'étendre au delà de sa sphère naturelle : monter plus haut et atteindre plus loin que soi. Le rationaliste, qui marche au seul flambeau de sa raison, facilement s'éblouit à ses propres visions. Dans le vertige de sa pensée personnelle, il se suppose une grandeur factice qu'il prend à contre-sens pour le progrès de son intelligence. Il estime que rien ne va ni plus haut ni plus loin que sa raison. Dès lors, bien loin de s'avouer son vide pour invoquer la plénitude, son abaissement pour s'élever plus haut, sa limite pour chercher au delà ; que fait-il ? il se croit lui-même la plénitude, la grandeur, la suffisance ; il se regarde comme un centre où doivent converger tous les rayons du vrai ; il se pose tout seul lui-même devant lui-même comme une cime dans la création, d'où sa raison n'a qu'à s'élancer dans les espaces ouverts pour y saisir toute vérité. Cette raison en se regardant elle-même, rien qu'elle-même, et toujours elle-même, s'exalte dans un orgueil suprême ; elle ne voit plus rien qui la dépasse, et, enfermée dans sa suffisance, elle demeure à sa mesure : trop heureuse si, tôt ou tard, elle ne descend à des abaissements qui n'auront d'égal que l'orgueil qui l'aura précipitée : car nul ne peut dire jusqu'où peut tomber, même rationnellement, une intelligence qui, refusant de monter plus haut qu'elle-même, s'approche du néant en fuyant l'infini.

C'est la loi des intelligences comme c'est la loi des cœurs et des volontés : *qui se exaltat humiliabitur*. Qui ne veut pas tendre plus haut que lui-même, sous prétexte qu'il habite au sommet, tombe au-dessous de lui-même et roule jusqu'aux abîmes. Ou si, par une sorte de prodige, il ne descend pas à ces humiliations qui châtient son orgueil, force lui est de se heurter à une frontière qui l'arrête, et qu'il ne dépassera pas. En effet, Messieurs, quand la raison humaine, rêvant pour elle-même une expansion indéfinie, proteste contre la limite que lui oppose la foi, savez-vous ce qu'elle fait? elle se punit elle-même de sa folle ambition en s'enfermant dans une étroite prison dont elle ne peut plus sortir. Elle se retire et habite dans le moi, c'est-à-dire dans ce qu'il y a de plus borné et de plus ravalé tout ensemble ; et par cet égoïsme philosophique qui lui promettait d'enfermer en elle toute la vérité, elle s'excommunie fatalement de la plénitude de la vérité.

Or, que fait ici Jésus-Christ pour l'agrandissement de la raison? Une seule chose, mais une chose décisive, une chose si simple que vous ne songez pas même à la remarquer. Il ravit hors d'elle la raison enfermée en elle-même; il l'arrache aux entraves de son propre égoïsme. En se faisant lui-même embrasser tout entier, et en ajoutant aux révélations du Verbe créateur les révélations supérieures du Verbe incarné, Jésus-Christ fait franchir à la raison humaine la sphère où elle se renfermait; et il l'agrandit d'autant plus, qu'il ne la fait sortir d'elle-même que pour la faire entrer, selon le beau mot de Fénelon, dans l'infini de Dieu.

Je pourrais montrer ici comment le Verbe incarné prépare l'expansion de la raison humaine en fixant, même dans l'ordre rationnel, les grandes lignes de la vérité. Ce Verbe créateur et révélateur pose au fond des âmes qu'il illumine toutes les données essentielles de l'ordre intellectuel et de l'ordre moral; il ne permet pas qu'aucune de ces vérités élémentaires qui sont les principes naturels de son agrandissement, soit absente de la raison humaine. Grâce à cet enseignement du Verbe incarné, l'existence et l'unité de Dieu, la création, la providence, la spiritualité, la liberté, l'immortalité, la responsabilité de l'âme humaine, demeurent au fond de la raison comme des flambeaux dont l'inaltérable lumière éclaire toute la vie.

Mais là n'est pas le grand mystère de cet agrandissement que la foi divine opère dans la raison humaine, alors qu'en apparence elle lui donne une limite. Elle fait plus que fixer pour elle les frontières de la vérité naturelle, elle ouvre devant elle un monde surnaturel;

elle lui ôte sa barrière plutôt qu'elle ne lui pose une limite. Le Verbe incarné arrête la raison humaine devant le sanctuaire de la vie divine, et il lui dit : « Ici finit l'intuition, ici la
« foi commence ; plus loin, vous ne pouvez plus
« comprendre, mais vous pouvez connaître en-
« core : impuissante à rien affirmer par vous
« seule, vous pouvez affirmer avec moi. Moi le
« Verbe, moi Dieu, j'affirme par moi-même
« le mystère de ma vie. Si vous voulez con-
« naître et connaître encore, il faut affirmer
« avec moi ; il faut marcher à ma lumière : car
« pour me connaître et me manifester, il n'y a
« que moi, moi seul qu'il faut croire, lorsque
« je dis ce qui est de moi et ce qui est moi-
« même. »

Vous le voyez, Messieurs, dans ce sens transcendant, Dieu limite la raison en l'arrêtant à la frontière du divin qu'elle ne peut dépasser, mais comme Dieu limite une intelligence en la terminant à lui-même, c'est-à-dire en lui ouvrant l'infini qui exclut toute limite. Ce Verbe, en s'imposant lui même à l'homme, non pour l'écraser et l'amoindrir, mais pour l'élever plus haut et l'étendre plus loin, crie

à sa raison bornée à la frontière du moi : « O
« raison humaine, sors, sors de la prison qui
« te tient captive; entre en moi-même et gran-
« dis dans mon sein ! »

Voilà le secret simple mais profond de la
dilatation que la foi donne au génie de l'homme
en lui posant sa limite : c'est que cette
limite c'est Dieu même ; l'Infini qui lui découvre en son sein une sphère de vérités que
la raison ne connaissait pas. L'homme ne mar-
chait qu'au flambeau de sa raison ; il avait
la vision d'un monde et d'un monde limité :
le chrétien marche au flambeau de sa raison
et au flambeau de sa foi ; il a la vision d'un
monde nouveau et d'un monde infini. Le premier n'a devant lui que les perspectives de la
nature ; le second a devant lui les perspectives
de Dieu. Hommes de la raison, guidés par son
seul flambeau vous vous arrêtez dans votre
ascension aux escarpements de la montagne ;
vous ne découvrez que la vallée et l'horizon
borné par la colline. Hommes de la foi élevés
par le Verbe au sommet de la montagne, tout
ce que vous voyez nous le voyons, et nous le
voyons dans une clarté plus grande ; parce que,

au lieu d'une lumière nous avons deux lumières. Mais par delà ces horizons qu'embrasse votre regard, nous découvrons encore des horizons qui vous échappent ; nous voyons des espaces, un ciel, un soleil, des étoiles, un firmament de la vérité que vous ne pouvez voir. Le Verbe, en nous donnant en lui et par lui une lumière nouvelle, nous pose avec lui-même au seuil de ce monde divin dont nous entrevoyons les clartés en attendant la vision complète ; et il entr'ouvre à notre ambition de connaître des profondeurs où nous pouvons avancer toujours, parce que devant notre pensée tournée du côté de l'infini la limite recule et s'enfuit éternellement.

Ainsi, la lumière surnaturelle devient le perfectionnement de la raison ; loin d'en être la déchéance elle en est le couronnement : *ratio perfecta lumine supernaturali ;* formule catholique de l'harmonie entre la raison et la foi, due au génie de saint Thomas d'Aquin, et dont ce grand homme fut lui-même la plus complète et la plus illustre personnification.

Ah ! si vous voulez contempler dans une rare figure l'agrandissement que peut donner à l'intelligence humaine cette alliance féconde de la raison et de la foi, de la philosophie et de la théologie, je vous dirai : Regardez saint Thomas d'Aquin, la plus haute représentation du Verbe de Dieu dans un homme ; saint Thomas d'Aquin, le génie de la raison et de la foi éclairé par le double rayonnement du Verbe créateur et du Verbe incarné, et en faisant rejaillir sur les deux mondes de l'intelligible les divines clartés ; saint Thomas d'Aquin, ange de l'école, oracle de la théologie, maître dans la philosophie, faisant parler l'une et l'autre dans la langue la plus catholique et la plus rationnelle, la plus profonde et la plus claire, la plus pleine et la plus précise, en un mot, la plus angélique qu'il soit possible d'imaginer ; parole, par sa lumière tranquille et par sa céleste sérénité, la plus rapprochée du Verbe même de Dieu.

Le voyez-vous d'ici, cet homme incomparable qui s'est levé au sommet de nos âges chrétiens pour réfléchir la lumière du Christ, comme la coupole de nos grandes cathédrales, les rayons du soleil? Je l'aperçois au centre même de cette cité, sur les hauteurs de la science et dans le plus vaste épanouissement de son intelligence, montrant à l'Église qui l'envoie, à la science qui l'écoute, aux siècles qui l'admirent, ce que peuvent pour l'agrandissement d'un homme la raison et la foi se rencontrant ensemble dans les splendeurs d'un même génie : sa théologie à sa droite, sa philosophie à sa gauche, lui au milieu, aussi hardi philosophe que profond théologien, face à face avec le monde chrétien et le monde païen, aussi illuminé de foi que rayonnant d'intelligence, montrant ces deux chefs-d'œuvre de la pensée et lui-même plus grand que ces chefs-d'œuvre, il dit, en jetant à toutes les incrédulités et à tous les rationalismes ses invincibles défis : « Je suis la synthèse humaine de la philosophie et de la théologie ; je suis l'agrandissement de l'intelligence de l'homme par le Verbe de Dieu ; je suis l'harmonie de la raison et de la foi !... »

J'allais m'arrêter, Messieurs ; mais j'entends des voix qui murmurent autour de cet impérissable monument de la pensée catholique : « Vous voulez nous ramener au moyen âge ; vous n'y parviendrez pas : nous sommes les fils de l'esprit nouveau; nous ne reviendrons pas en arrière. Nous voulons bien l'avouer, la *Somme* de saint Thomas d'Aquin est un magnifique monument; l'esprit humain y a grandi. Mais un jour, il s'y est trouvé à l'étroit; c'est que, si superbe que fût l'édifice, l'hôte était encore trop grand pour la maison. N'essayez pas de le rapetisser; laissez cette tâche à ceux qui ne comprennent pas la grandeur de l'esprit nouveau. « C'est fier, Messieurs, c'est vraiment fier; mais c'est naïf aussi. Quoi! à l'étroit dans la *Somme* de saint Thomas d'Aquin! Quoi! cette architecture sublime de l'intelligence humaine trop petite pour renfermer dans ses proportions la grandeur de l'esprit nouveau! O esprit nouveau, qui pourra te contenir? Quoi! les géants des temps modernes dont vous et moi pouvons sans peine mesurer la stature, trop grands pour être contenus dans ce vaste édifice? comme si vous-mêmes vous grandissiez tout à coup jusqu'à soulever de votre tête la voûte de cette basilique! Quoi! ce qui a fait le génie de saint Thomas d'Aquin si élevé, si profond et si large tout ensemble, rapetisser l'intelligence humaine, arrêter dans sa marche ascendante l'essor de la raison et la puissance de l'esprit nouveau! O races de géants! ô génies créateurs, où sont vos chefs-d'œuvre? où sont les monuments créés par votre souffle, et devant lesquels cet incomparable monument de la doctrine se trouve si petit? Où est la *Somme* de la philosophie moderne?..

L'harmonie de la raison et de la foi, grandeur du moyen âge, dites-vous? Moi, je vous dis : harmonie de la raison et de la foi, grandeur de tous les âges, progrès de tous les peuples qui, dans la sphère de l'intelligence, comme en toute autre sphère, voudront monter avec Jésus-Christ, sommet divin de l'humanité. Quand paraîtra la somme théologique et philosophique des temps nouveaux? Quand viendra l'homme que Dieu a prédestiné pour réunir autour de la doctrine catholique toutes les sphères de la science moderne? Comment se nommera le génie qui condensera à ce centre de la lumière tous les rayons épars de la science et de la philosophie contemporaine? Qui aura l'honneur sans pareil d'être dans le grand âge de l'avenir ce que Thomas d'Aquin fut dans le grand âge du passé, un concentrateur puissant de toutes les vérités révélées dans la parole de Dieu et de toutes les vérités conquises par le génie de l'homme?... Je l'ignore; mais ce que je sais bien, c'est que ce qui a pu, en d'autres âges demeurés glorieux, agrandir si prodigieusement la pensée et féconder le génie de l'homme, gardera à jamais dans l'humanité la même puissance d'agrandissement et la même puissance de fécondité.

Ah! Messieurs, si pour confondre ici la folie du préjugé contemporain, il fallait après l'exemple de saint Thomas d'Aquin invoquer un témoignage plus rapproché de vous, et comme tel, plus capable de retentir avec un éclat victorieux dans ce siècle, dans cette capitale et dans cette enceinte, surtout dans cette enceinte!.. volontiers, avec une reconnaissance, un amour, une admiration et une fierté que vous partageriez tous, j'évoquerais une voix dont personne ici ne pourrait récuser l'irrécusable témoignage; une voix dont ces voûtes ont retenu les accents et semblent répéter encore les pathétiques échos; une voix qui faisait vibrer d'un même souffle et dans une même parole, comme les deux cordes d'une lyre, les vérités de la raison et les vérités de la foi; une voix qui a retenti au milieu de nous, et avec quel charme, vous le savez, comme le concert le plus parfait et le chant le plus mélodieux de leur mutuelle harmonie; une voix que Dieu avait tout exprès créée la plus éloquente de ce siècle, et qu'il fit, tout exprès aussi, sortir du sein de l'esprit nouveau, comme pour faire mieux entendre au siècle et à l'esprit nouveau la parole dont ils avaient besoin; une voix dont il nous sera toujours salutaire et doux de nous inspirer dans cette chaire, et de vous rappeler quelquefois les inimitables paroles, afin qu'on ne puisse pas dire que son éloquence pour vous est morte tout entière; une voix qui naguère s'éteignait, comme s'éteignent toutes les grandes voix catholiques, dans le deuil de la catholicité, au milieu des larmes non-seulement de tous ceux qui en avaient entendu en tressaillant les accents émus, mais de ceux-là aussi qui n'en avaient ouï que les échos redits par l'amour et l'admiration; une voix dont je sens en ce moment palpiter les souvenirs au fond de vos âmes, et qui, même dans le silence de la tombe, semble vous envoyer encore ses émouvantes vibrations. Ah! cette chère et incomparable voix, mille fois mieux que ce discours, vous dirait ce qui fut sa note la plus dominante, et son caractère le plus distinctif : harmonie de la raison et de la foi retentissant par le génie de l'éloquence; accord de la philosophie et de la théologie en Jésus-Christ Notre-Seigneur, agrandissement de l'intelligence et de la parole humaine. Et pour vous persuader tous, cette voix n'aurait qu'à vous jeter son nom plein de lumière et d'éloquence; elle n'aurait qu'à vous dire : « Je suis Henri-Dominique Lacordaire. »

DEUXIÈME CONFÉRENCE

DEUXIÈME CONFÉRENCE.

PROGRÈS DE L'INTELLIGENCE

PAR L'HARMONIE DE LA RAISON ET DE LA FOI.

Messieurs,

Le Progrès par le christianisme considéré dans l'ordre intellectuel et dans ses rapports avec le développement de l'esprit humain : telle est la face nouvelle de notre sujet, que nous envisageons cette année. Le siècle sur ce point nous oppose tout d'abord une grande fin de non-recevoir; il nous dit : l'esprit humain ne peut grandir par le christianisme, parce que le christianisme c'est la foi, et que la foi est intrinsèquement incompatible avec la raison. Voilà pourquoi, prenant tout de suite corps à corps le préjugé contemporain, nous avons commencé par établir que l'accord de la raison et de la foi est le principe le plus efficace du développement de l'esprit humain et du progrès général de l'humanité dans l'ordre intellectuel.

Cette harmonie de la raison et de la foi, de la philosophie et de la théologie est possible; parce que par delà le monde intelligible qui constitue l'ordre purement rationnel, il peut exister un monde supérieur que la raison par elle-même est impuissante à connaître; et qu'entre ces deux mondes on ne peut découvrir un principe de désaccord. Cette harmonie possible en elle-même existe de fait, constituée en Jésus-Christ, Verbe créateur et Verbe incarné et à ce double titre auteur de la raison et auteur de la foi, foyer unique des deux rayonnements du vrai. Cette harmonie enfin a pour effet naturel de rendre la science progressive et d'agrandir l'esprit humain, non-seulement parce qu'elle fait mieux connaître le monde que la raison connaissait déjà, mais surtout parce qu'elle ouvre devant la raison un monde qu'elle ne connaissait pas.

Ne semble-t-il pas, Messieurs, que toutes les intelligences ambitieuses de leur propre agrandissement devraient s'unir et s'accorder ensemble dans cette harmonie, seule capable de créer dans l'humanité le vrai progrès intellectuel? Il s'en faut bien cependant qu'il en soit ainsi. Sur ce point, comme sur beaucoup d'autres, l'esprit humain a travaillé contre l'esprit humain, la raison a conspiré contre la raison, et la folie de l'homme a brisé l'œuvre de la sagesse de Dieu. Voilà pourquoi après avoir essayé de vous faire entendre quelque chose de cette belle harmonie, et de vous montrer comment elle peut réaliser le progrès de l'esprit humain, je veux vous faire entendre les désaccords qu'y jette la parole de l'homme, et vous montrer comment elle peut périr et périt en effet pour l'abaissement de l'esprit humain.

Ce qui détruit et fait périr cette harmonie féconde que le christianisme réalise entre la raison et la foi, c'est tout ce qui attaque le principe fondamental qui la fait subsister : à savoir l'union dans la distinction. Confondre ce que Dieu a fait distinct, ou séparer ce qu'il a uni ; à la distinction substituer la confusion, ou briser l'union par la séparation : tel est en tout ordre de choses la destruction de l'harmonie et le germe du chaos. Dès lors, il est facile de comprendre comment disparaît entre la raison et la foi ce concert qui fortifie l'une par l'autre, et fait le progrès de l'esprit humain.

Si nous négligeons les nuances et les positions moins tranchées, nous n'imaginons que trois manières de détruire l'harmonie entre la raison et la foi : la première consiste à nier la raison pour l'absorber dans la foi ; la seconde à nier la foi pour l'absorber dans la raison ; la troisième à séparer l'une de l'autre dans une mutuelle indépendance. En trois mots, absorption de la raison dans la foi ; absorption de la foi dans la raison ; séparation entre les deux : telles sont les trois positions que peut prendre l'intelligence en présence de l'alliance progressive proclamée par l'Église entre la raison et la foi. Je ne range pas exactement sur la même ligne ces trois erreurs ; mais j'affirme, et vous allez reconnaître avec moi, que toutes trois portent au vrai progrès des intelligences une atteinte profonde, si ce n'est un coup mortel. La première ôte à la doctrine sa base ; la seconde supprime son sommet ; la troisième brise le nœud qui relie dans l'unité tous les éléments de la science et constitue la plénitude de la sagesse.

I

Le premier attentat contre l'harmonie de la raison et de la foi et en même temps contre le progrès de l'esprit humain, consiste à confisquer la raison au profit de la foi, en absorbant la première dans la seconde et en identifiant la philosophie avec la théologie.

Cette erreur, qui paraît inspirée par le plus pur amour de l'orthodoxie, fut l'effet d'une réaction légitime mais immodérée, contre les débauches intellectuelles consommées dans le dernier siècle au nom même de la raison. Témoins attristés des ruines accumulées dans le monde philosophique par cette grande hérésie des temps modernes dont nous parlerons tout-à-l'heure, des hommes d'éloquence et de génie se dirent dans le mouvement d'une ambition réparatrice : Vous le voyez, le monde des intelligences gouverné par la raison a failli tout entier retomber dans le chaos. Le rationalisme est la blessure du monde moderne. Coupons le mal par sa racine ; détruisons le rationalisme par sa base ; nions la raison humaine. Proclamons que cette reine superbe ne règne que sur des ruines, et ne porte d'autre sceptre que celui du néant. Elle disait dans son orgueil : Je sais tout ; disons qu'elle ne sait rien et ne peut rien savoir, et le mal est conjuré : car s'il n'y avait pas de raison, il n'y aurait pas de rationalisme.

Le procédé était fort simple, mais il était désastreux : c'était la réaction s'exagérant elle-même jusqu'à l'extravagance ; c'était l'erreur fuyant l'abîme pour aller à l'abîme. Ce fut particulièrement l'aberration d'un homme tristement célèbre, qui, dans la première phase de ce siècle, prêcha au nom de la foi une croisade contre la raison; entreprise insensée, qui menaçait la foi elle-même jusqu'en ses fondations. Ignorant toute mesure, emporté par sa fougue, et en toutes choses incapable de s'arrêter au milieu de la vérité, cet homme vint audacieusement, au nom de Dieu et du genre humain, demander la déchéance de la raison convaincue, disait-il, par soixante siècles d'erreur, d'une radicale impuissance. Cette raison orgueilleuse qui n'avait, à l'entendre, d'autre empire que le vide, il se flattait de l'étouffer dans les étreintes de son génie, et de l'ensevelir dans son triomphe. Depuis longtemps pareil assaut n'avait été livré à la raison humaine : le monde des intelligences s'émut au bruit de cette étrange agression, où toute philosophie était menacée de périr, et où l'orthodoxie elle-même se trouvait compromise au nom de l'orthodoxie.

Mais alors, comme toujours, l'Église veillait sur l'intégrité de la doctrine, et sauvegardait tout ensemble le dépôt de la foi et les droits de la raison, sous l'égide d'une autorité infaillible et tutélaire. Elle laissa tomber sur le novateur un coup solennel qui étonna l'erreur même en raffermissant dans la doctrine tous les disciples de la vérité. Sous ce coup de tonnerre de la foi venant venger la raison contre une agression folle, l'erreur qu'abritaient en vain le bouclier de l'éloquence et l'autorité d'un grand nom, se sentit frappée à mort ; la solitude se fit autour du génie foudroyé ; les nobles intelligences qui avaient subi un moment la séduction de sa parole se retirèrent de lui ; la pensée ne leur vint pas qu'on pût mettre dans la balance un homme et l'Eglise. Indigné d'une désertion qui trompait son orgueil, et passant comme toujours d'une extrémité à l'autre, ce grand ennemi de la raison retourna contre la foi l'intempérance de sa pensée accrue par sa défaite ; et il s'en alla s'éteindre dans les derniers confins du rationalisme le plus insaisissable et du scepticisme le plus désespéré.

Or, ce que l'Eglise fit alors contre cet homme attaquant la raison sous le voile de l'orthodoxie, elle l'a toujours fait et elle le fera toujours, toutes les fois que le génie, même pour sauvegarder la foi, se laissera emporter par delà ces frontières éternelles qui protégent les droits de la raison humaine, en protégeant les droits de la vérité divine. Et c'est ici tout d'abord que vous pouvez entendre que, bien loin de faire obstacle au progrès de l'esprit humain, l'Église en sauvegarde à jamais la condition première, à savoir la puissance native de la raison agissant dans sa sphère. Je n'entre pas dans les questions qui appartiennent à la philosophie libre sur la formation primitive de la raison et sur l'origine des idées. Je ne défends ici que la grande forteresse catholique; et prenant la raison telle qu'elle est dans la société vivante, je maintiens que l'Église a toujours reconnu dans la raison humaine une puissance native qui doit servir de support au monde surnaturel.

La science chrétienne au-dessus du monde matériel admet deux mondes de l'intelligible; et si elle reconnaît qu'il faut, pour avoir toute la sagesse, monter du premier au second, elle reconnaît en même temps que le second pour se soutenir doit s'appuyer sur le premier. La science du Christ, dit saint Thomas d'Aquin, ne détruit pas la science humaine, mais elle l'illumine : *Scientia Christi non scientiam huma-*

nam destruit, sed illuminat. Loin de la supprimer, elle la suppose comme un degré nécessaire pour monter à la science divine. Car, dit ce grand docteur, il y a deux modes de connaître le vrai, *duplex veritatis modus*; parce qu'il y a deux degrés de l'intelligible, *duplici veritate divinorum intelligibilium existente;* le premier, que la raison humaine peut atteindre par sa propre investigation, *ad quam rationis inquisitio pertingere potest;* le second, qui dépasse par lui-même la portée naturelle de toute raison humaine, *quæ omne ingenium humanæ rationis excedit;* le premier faisant connaître Dieu manifesté par le spectacle de la nature, le second faisant connaître Dieu manifesté en lui-même. Et parce qu'en toute chose le premier degré conduit au second, l'harmonie des sciences veut qu'il y ait d'abord un ordre intelligible naturel, une science qui se fonde sur les principes de l'ordre rationnel : car, continue saint Thomas d'Aquin, supposé qu'il n'y ait pas de vérités naturelles, il ne peut plus y avoir de science surnaturelle.

On ne peut dire en des mots plus simples des choses d'une profondeur plus lucide. En effet, supprimez dans l'âme humaine l'intelligible naturel, vous supprimez le support de l'ordre surnaturel ; retranchez la puissance de la raison, vous retranchez la possibilité de la foi. Les formules mêmes de la foi supposent dans l'homme qui les accepte une connaissance naturelle des termes qui les composent. Elles peuvent nous apporter des vérités en elles-mêmes incompréhensibles ; mais elles ne peuvent nous les proposer dans des mots inintelligibles. Nous ne pouvons prétendre à l'intelligence des rapports mystérieux qui unissent entre eux les termes des formules dogmatiques ; mais nous pouvons prétendre à l'intelligence des termes. Cette formule, par exemple, qui exprime sur Dieu le grand mystère chrétien, *une seule nature en trois personnes*, ne serait pas pour nous l'énoncé d'un dogme, elle serait un non-sens absolu, si elle ne présupposait une certaine intelligence des termes qui la composent, *nature* et *personne* ; elle ne serait plus la voix du Verbe nous révélant la nature de Dieu, elle serait un son vide attestant le néant de notre foi ; elle ne serait qu'une impression, elle ne serait pas une révélation.

D'ailleurs, si vous ne supposez dans la raison en dehors de la foi une puissance native de connaître le vrai, la foi elle-même est ébranlée dans sa donnée fondamentale. Car si la raison, qui fait partie de la nature humaine, ne pouvait absolument se développer sans la foi surnaturelle, Dieu nous devrait la foi comme une exigence de notre nature, et comme une condition du développement de la raison ; et dès lors le christianisme croulerait tout entier avec son dogme radical : *la gratuité des dons surnaturels.* Donc, ne pas présupposer avec saint Thomas d'Aquin dans l'homme qui reçoit la foi une connaissance naturelle de certaines vérités de l'ordre intelligible, c'est rendre impossible la connaissance surnaturelle ; c'est renverser la belle et profonde économie du christianisme ; c'est enfermer la foi déshéritée de toute raison dans un cercle sans issue ; c'est déchirer ce que de Maistre nommait bien la *préface humaine de l'Évangile ;* c'est détruire ce que Baronius nommait encore mieux le *vestibule de l'Église de Jésus-Christ ;* c'est supprimer ce que tous les docteurs proclament d'une voix unanime *le préliminaire de la foi ;* c'est ôter aux nations qui suivent la lumière de la raison, la *préparation évangélique*; c'est enfin entreprendre d'édifier dans les âmes le christianisme en commençant par supprimer la base où doit poser tout le christianisme : ce n'est plus seulement renverser la pyramide, c'est l'appuyer sur le vide; c'est jeter tout entier l'édifice de la foi sur le néant des intelligences. C'est ce que l'Église n'a jamais permis et ne permettra jamais : elle défend la raison, parce qu'elle défend la foi; et voici la marche invariable et l'application constante de sa doctrine au point de vue où nous sommes.

En face des intelligences qui ne la connaissent pas encore, ou qui l'ont répudiée après l'avoir connue, elle va de la démonstration à la croyance, de la philosophie à la théologie, de la raison à la foi; et embrassant l'une et l'autre dans leur inviolable union et leur nécessaire distinction, elle défend ici comme partout les harmonies de la pensée divine contre les confusions de la pensée humaine. Comme au temps d'Augustin, entre Manès et Pélage, entre l'erreur qui est à droite et l'erreur qui est à gauche, toujours placée dans le milieu de la vérité, l'Église défend contre l'une la grâce et la foi; et elle défend contre l'autre la raison et la nature. Toute doctrine qui prétend supprimer la raison au profit de la foi ou la nature au profit de la grâce, elle la repousse comme une insulte faite à la foi et à la grâce. Et quand l'erreur menace de mêler dans la confusion humaine ce que Dieu a fait si divinement uni et si divinement distinct, l'Église arrête le génie imprudent qui veut être plus croyant que la foi, plus chrétien que le christianisme et plus catholique que l'Église.

Oui, Messieurs, croyez-le bien, contre ces tentatives aveugles qui menacent la raison l'Église proteste encore plus que la philosophie. Interprète d'une foi qui n'a rien à redouter de la puissance de la raison, dans le calme et la sûreté de son inaltérable doctrine, elle dit à toute philosophie qui lui demande compte de son dogme et de sa foi : « Ma foi est supérieure à la raison, et mon dogme est plus haut que la nature; mais j'ai dans la raison et la nature mes fondements nécessaires. Je propose à la croyance des vérités obscures; mais j'ai pour les faire croire des raisons lumineuses.

Par mes dogmes en eux-mêmes incompréhensibles à la raison, je demande croyance et je me dérobe à l'investigation; mais par mes bases que la raison peut visiter, je me découvre à l'intelligence et je me présente moi-même à l'investigation. Mon autorité divine impose à tous l'obligation de croire; mais je montre à tous dans une lumière humaine l'évidence de mon autorité. Et le génie des vrais croyants peut et doit toujours dire avec le génie d'Augustin et de Thomas d'Aquin: Je ne croirais pas si je ne voyais que j'ai raison de croire. L'évidence des raisons que je comprends, me conduit à la croyance des dogmes que je ne comprends pas; et j'ai dans ma raison la garantie de ma foi.

Ainsi parle aujourd'hui encore l'Église catholique: bien loin de fuir la lumière de la raison elle l'appelle à visiter ses fondements. Depuis bientôt deux mille ans, son infaillibilité fait une garde invincible autour de la raison comme autour de la foi; et c'est là un bienfait de Dieu qu'oublie trop facilement l'ingratitude des hommes. A travers toutes les hérésies et toutes les erreurs qui ont entemé tour à tour l'intégrité de la foi, l'Église a sauvé de la ruine des philosophies et du naufrage des systèmes les grands éléments qui constituent la raison populaire ; elle défend contre toutes les extravagances, de quelque part qu'elles viennent, l'héritage du sens commun, qui est le génie du christianisme encore plus que de l'humanité. Jamais elle n'a souffert ces exagérations d'orthodoxie, ni ces intempérances de zèle, qui pour la gloire de la foi immoleraient l'honneur de la raison, et feraient de la vérité un sacrifice à la vérité. De même qu'elle ne peut consentir qu'on fasse tomber avec le surnaturel et la foi son sommet divin, elle ne consent pas qu'on ébranle avec la raison et la nature ses points d'appui nécessaires. Elle dit à tous ceux qui viennent murmurer autour de son architecture leurs objections vaines ou leurs blasphèmes impuissants : Regardez-moi bien ; par mon sommet je plonge dans les cieux, et ma tête est environnée de ce nuage mystérieux qui vous dérobe Dieu même ; mais mes fondements posent sur la terre ; ils plongent dans les profondeurs de l'histoire ; ils brillent aux clartés même de la raison. Et lorsque, à ce double flambeau de la raison et de l'histoire, vous avez reconnu le Verbe de Dieu qui porte sur lui le monde naturel et le monde surnaturel ; alors passez avec moi du premier monde au second monde ; et après avoir vu dans la lumière de la raison mes fondations humaines et mes assises naturelles, reconnaissez et respectez dans la lumière de la foi mon couronnement surnaturel et mon sommet divin.

Mais, Messieurs, le plus grand mal intellectuel de notre temps, ce n'est pas la confiscation de la raison au profit de la foi ; là, je le sais, n'est pas pour la plupart d'entre nous le grand écueil à redouter. Je me hâte donc d'arriver à l'erreur qui est par-dessus tout le scandale des intelligences contemporaines ; je veux dire la grande erreur rationaliste, qui confisque la foi au profit de la raison, et par ce procédé diamétralement opposé humilie cet esprit humain qu'elle prétend élever à une hauteur sans limite. Vous allez voir qu'en effet cette révolte contre la foi et la théologie n'aboutit qu'à la déchéance de la raison et au suicide de la philosophie.

II

Le dernier siècle se signala dans l'histoire par cette insurrection de la raison contre la foi au nom de la science et de la philosophie. La foi séculaire qui avait fait la vie intellectuelle des nations chrétiennes, apparut en ce temps-là au génie de l'innovation comme un joug qu'il fallait briser, et comme une barrière qu'il fallait franchir, pour ouvrir aux intelligences la carrière d'un progrès indéfini. Alors on vit l'orgueil de l'esprit s'exalter jusqu'au délire. La raison se couronna de ses propres mains ; elle monta sur le trône, et demanda superbement de tenir seule le sceptre des intelligences. Ce n'était pas assez encore ; elle parut sur l'autel dans une chair vivante, et elle dit aux nations : « Adorez-moi : je suis la déesse Raison ; à moi, à moi seule de guider les peuples dans la voie de leurs progrès. Plus de superstition vaine, plus de crédulité puérile, plus de fanatisme aveugle. » Et cela voulait dire : « Plus de révélation, plus de surnaturel, plus de foi enfin ; la raison, rien que la raison, juge suprême de toute vérité, et, dans le domaine du savoir, souveraine unique, exclusive, absolue. »

Vous le voyez, Messieurs, ce n'était pas la raison qui réclamait ses droits ; c'était la raison qui revendiquait l'empire. Ce n'était pas la raison qui demandait sa part ; c'était la raison qui demandait tout. Ce qu'elle voulait, ce n'était ni une entente, ni une alliance, ni même une transaction avec cette foi qui gardait dans l'humanité l'honneur d'une royauté séculaire ; ce qu'elle voulait, et ce qu'un jour elle ne rougit pas de demander, c'était la proscription de la foi. Au nom de la raison déclarée seule souveraine, l'humanité était sommée de se dépouiller de tout ce qu'elle ne tenait pas d'elle. Et pour mieux assurer avec la déchéance de la foi sa souveraineté nouvelle, l'orgueil de la raison évoqua tous les princes du savoir ; il leur demanda des oracles contre la foi, des témoignages contre la foi, des prophéties contre la foi, des démonstrations contre la foi, en un mot, une conspiration de toutes les sciences contre la foi ; et tous, au nom de la raison, furent adjurés de la convaincre de mensonge, de lui jeter l'anathème et de décréter sa mort.

Je le sais, nous avons brisé avec ces violences sacriléges ; et ce rationalisme proscripteur semble avoir fait son temps. Mais cette insurrection de la raison contre la foi est-elle finie ? La philosophie a-t-elle enfin abjuré son antagonisme avec la théologie ? Non, Messieurs, non : cette insurrection subsiste, cet antagonisme est vivant. Le rationalisme contemporain, il est vrai, a changé avec ses points de vue la stratégie de ses attaques ; il a dans son ensemble adouci ses formes ; mais au fond l'antagonisme demeure, plus radical même qu'il ne fut au xviii° siècle. Il ne demande plus aussi brutalement la proscription de la foi par la philosophie ; mais il demande son élimination progressive de toutes les choses humaines ; et il continue à la dénoncer comme attentatoire aux droits de la raison et aux progrès des intelligences.

Un point surtout semble concentrer toutes les attaques que le rationalisme organise contre le christianisme : *le surnaturel*. La négation du surnaturel et de la foi qui l'affirme, telle est sous mille formes diverses la grande hérésie des temps modernes ; et volontiers je souscris à ces paroles d'un protestant illustre : « Toutes les attaques dont le christianisme est aujourd'hui l'objet, quelque diverses qu'elles soient dans leur nature et dans leur mesure, partent d'un même point et tendent à un même but, la négation du surnaturel, l'abolition de l'élément surnaturel dans la religion chrétienne comme dans toute religion. Matérialistes, panthéistes, rationalistes, sceptiques, critiques, érudits, les uns hautement, les autres discrètement, tous pensent et parlent sous l'empire de la même idée..... » Une science nouvelle en ce pays, portant un nom aussi nouveau qu'elle-même, se déclare particulièrement ennemie du surnaturel. Elle dit, il est vrai, qu'elle ne veut pas l'attaquer, car elle a horreur de la polémique ; mais dans son extrême impartialité et sa haute justice envers toutes les religions, elle se définit elle-même la négation du surnaturel : la négation du surnaturel, dit-elle, *est de l'essence de la critique ;* or la critique, c'est moi, moi qui serais au désespoir de contrister une seule âme croyant au surnaturel.

Là est le point d'attaque général de toutes les intelligences que le rationalisme réunit sous son drapeau ; et voici à peu près en quels termes, par ses organes les plus fameux il accuse lui-même son antagonisme avec la foi.

« Que venez-vous nous parler, à nous philosophes, de foi surnaturelle, de révélation surnaturelle, de religion surnaturelle ? Qu'avons-nous à faire de la religion, quelle qu'elle soit, si ce n'est de lui appliquer le procédé général des études scientifiques, et de la considérer comme un fait naturel qu'il faut observer, analyser et subordonner aux lois de l'esprit humain ? Qu'est-ce d'ailleurs que le surnaturel ? qui comprend le surnaturel ? où est le surnaturel ? qui a vu le surnaturel ? Est-ce que vous ne voyez pas que le surnaturel est tout entier du domaine de l'imagination ? Qu'est-ce autre chose qu'un céleste mirage que l'âme se crée à elle-même pour apaiser son besoin d'idéal et sa soif d'infini ? Ne voyez-vous pas qu'à mesure que marche l'esprit humain dans les grandes lignes de sa destinée, ce domaine de l'imagination se resserre de jour en jour devant les conquêtes de la science ? Dans le mouvemen général qui emporte aujourd'hui les esprits, pouvez-vous ne pas voir que le surnaturel va s'effaçant de plus en plus devant le naturel, l'imaginaire devant le réel, la foi devant la raison? Sur quoi repose d'ailleurs ce monde fantastique que vous nous montrez sans cesse au-dessus de nos têtes? Vous en appelez, pour établir le surnaturel, à la révélation, et vous nous demandez de croire tout ensemble aux miracles qui l'attestent et aux mystères qu'elle enseigne; et d'un côté comme de l'autre vous exigez de notre raison la croyance à l'incompréhensible. Mais, ô théologiens, pouvez-vous espérer que pour vous donner raison, la philosophie, qui ne vit que d'évidence, s'abdique à ce point? Qu'est-ce que la révélation, la révélation théologique, si ce n'est l'*impossible?* Qu'est-ce que le miracle, le miracle théologique, si ce n'est l'*inexpliqué?* Qu'est-ce que le mystère, le mystère théologique, si ce n'est la *contradiction?* Qu'est-ce que la foi, la foi théologique, si ce n'est une *incompatibilité* intrinsèque avec les données de la raison? Qu'est-ce que l'*incompréhensible*, qui dans le dogme catholique déborde de toutes parts, si ce n'est l'absurde entouré d'une auréole sacrée ? Qu'est-ce enfin que cet ensemble de choses mystérieuses, surnaturelles, miraculeuses, contradictoires, impossibles, si ce n'est un défi jeté à cet esprit humain ambitieux de l'intuition, et impatient, comme Dieu dans la création, de séparer enfin la lumière des ténèbres par le *fiat lux* de la science et de la philosophie moderne ?

« Donc, arrière la révélation, arrière le miracle, arrière le mystère, arrière l'incompréhensible, arrière le surnaturel, arrière la foi qu'enseigne le vieux dogme catholique. La foi ah ! nous la voulons, la foi ; oui, car, bien différents de nos pères du xviii° siècle, nous sommes des croyants; mais nous voulons une foi compatible avec notre raison : la foi moins le dogme, la foi moins le mystère, la foi moins le miracle, la foi moins le surnaturel, la foi, en un mot, devenue la raison elle-même. Oui, le règne de l'antique foi est fini, le règne de la foi nouvelle commence pour l'humanité. La théologie assez longtemps l'a tenue au berceau dans les langes du symbole et les obscurités du passé : à la philosophie désormais de la transporter libre et rayonnante dans les clartés de l'avenir. »

Qui tient aujourd'hui à l'Église ce superbe discours, où l'esprit moderne porte à l'antique foi de solennels défis? quel est le philosophe qui adresse au christianisme cette sommation de la philosophie? Messieurs, ce n'est pas un homme, c'est une légion d'hommes qui vient de vous parler : légion minime, sans doute, dans la grande armée des intelligences; mais légion bruyante, faisant, à force de voix sonores et de paroles retentissantes, la grande rumeur rationaliste. Vous n'attendez pas que j'oppose ici à l'attaque du rationalisme des discussions approfondies sur le surnaturel, sur la révélation, sur le mystère, sur le miracle et sur la foi, si étrangement défigurés par les apôtres de la raison. Au mensonge qui s'affirme et essaye de définir, c'est assez pour mon sujet d'opposer la protestation et les définitions de la vérité.

Oui, Messieurs, contre ces définitions mensongères et ces axiomes calomniateurs, au nom de l'Église ma mère, au nom de dix-huit siècles de foi, devant Dieu qui me regarde et l'humanité qui m'écoute, je proteste : je jure que, dans ces allégations dont je viens de vous donner le résumé véridique, le rationalisme ment. Il ment!... le mot est dur, dites-vous. Eh bien, je le retire, et je vous dis : il ne ment pas, soit : il ignore. Ah! si ces illustres agresseurs de notre foi étaient ici, j'oserais, dans ma conviction intrépide, leur demander raison de leurs affirmations, je leur dirais : Quoi, vous l'affirmez, le surnaturel n'est que l'*imaginaire*, et il n'y a pas de surnaturel? Quoi, vous l'affirmez, la révélation est *impossible*, et il n'y en a pas d'autre que celle de la nature? Quoi, vous l'affirmez, le miracle n'est que l'*inexpliqué*, et pour la raison qui explique tout, il n'y a plus d'autres miracles que ceux du génie? Quoi, vous l'affirmez, le mystère c'est la *contradiction*, et ce qu'il exprime n'est qu'un non-sens qui se dérobe à la preuve et déconcerte la pensée? Quoi, vous l'affirmez, la foi est *intrinsèquement incompatible avec la raison*, et pour que l'une subsiste, il faut que l'autre périsse?....

Voilà ce que vous avez dit, et ce que chaque jour vous osez redire encore. Or, par toutes ces affirmations qui mentent à la vérité, et par ces définitions qui insultent notre foi, voulez-vous savoir ce que vous avez fait ? Vous avez démontré cinq choses : votre ignorance du surnaturel, votre ignorance de la révélation, votre ignorance du miracle, votre ignorance du mystère, et, comme complément, votre ignorance de cette foi que calomnie votre raison !

Non, le surnaturel n'est pas l'*imaginaire* : c'est le don libre de Dieu fait à l'homme en dehors des exigences de la nature humaine, quant à la fin qui lui est destinée et quant aux moyens qui l'y doivent conduire. Et, avant d'avoir prouvé que Dieu n'a pas fait, qu'il n'a pu faire ce don, je le demande au nom de la raison, comment osez-vous dire : Le surnaturel, c'est chimère ?

Non, la révélation, telle que ma foi la proclame, ce n'est pas l'*impossible*. La révélation c'est Dieu parlant à l'homme, et lui manifestant dans sa parole sa volonté libre et sa pensée intime. Et de quel droit votre raison interdit-elle à Dieu de manifester librement à l'homme et ce qu'il pense et ce qu'il veut ? Dieu sera-t-il moins libre et moins puissant que vous ?...

Non, le miracle n'est pas l'*inexpliqué*. Le miracle est le coup de maître du Créateur dans l'empire de la création ; c'est le coup d'État de Dieu suspendant librement les lois de la nature librement établies. Et qui, parmi vous, se sent assez fort pour démontrer que Dieu ne peut lui-même suspendre des lois établies par lui-même ?

Non, le mystère, ce n'est pas la *contradiction*. Le mystère est une vérité cachée dans l'infini de Dieu ; c'est la vérité que par vous-mêmes vous ne pouvez découvrir, vous qui n'êtes pas infinis. Et comment exalter votre orgueil jusqu'à décréter fièrement que la vérité qui se dérobe à votre regard n'est pas la vérité ? S'il y a des vérités cachées même dans le fini de la nature, comment n'y aurait-il pas des vérités cachées dans l'infini de Dieu ?

Non, la foi n'est pas un démenti donné à la raison. La foi, c'est l'adhésion de l'intelligence humaine affirmant sur l'autorité de Dieu la pensée même de Dieu révélée par lui-même ; c'est l'homme affirmant avec Dieu la vérité que par elle-même sa raison n'atteint pas. Et qui démontrera jamais qu'une telle affirmation est en contradiction avec une donnée de la raison ?

Voilà nos définitions opposées à vos définitions. Ces définitions que nous n'avons pas même l'honneur d'avoir trouvées, ces définitions que nous mettons sur les lèvres de vos enfants de dix ans, elles défient à jamais les affirmations de tous les philosophes présents, passés et futurs. Nous sommes sur le granit ici; vous pouvez nous discuter, vous pouvez nous attaquer, vous pouvez nous nier : vous ne nous abattrez pas. Ces définitions passeront sur vos systèmes; dans mille ans elles seront debout sur vos philosophies pulvérisées!

Je ne vous dis pas, remarquez-le bien : Le surnaturel est un fait, la révélation est un fait, le miracle est un fait, le mystère est un fait, toute ma foi est un fait. Ce n'est pas l'objet que je me propose en ce discours. Mais je vous dis, qu'avant tout examen et toute discussion des bases sur lesquelles repose tout l'édifice du surnaturel, vous n'avez pas le droit de le déclarer imaginaire, chimérique, impossible. Je dis que par cette négation gratuite et *à priori* de tout ce qui vous domine et de tout ce qui vous gêne, vous nous donnez la preuve non de votre sagesse, mais de votre folie. Y a-t-il en effet une folie comparable à cette folie ? On vous dit : Il y a une seconde vue; vous dites : Non, il ne peut y avoir de seconde vue. On vous dit : Il y a une vision supérieure de la vérité; et vous dites : Non, au delà de ce que je vois la vision ne peut plus être. Et vous nommez cela votre philosophie, votre sagesse, votre progrès dans la science? Vous dites : Nous autres rationalistes nous ne connaissons que la raison; nous autres savants nous n'admettons que la science; nous autres positivistes nous repoussons tout ce qui n'est pas positif; nous autres matérialistes nous nions l'esprit; nous autres humanitaires, nous nions le divin; nous autres hommes de la haute critique et de la grande curiosité, nous nions le miracle, nous nions le mystère, nous nions l'incompréhensible, nous nions le surnaturel. O grands philosophes, glorieux disciples de la négation, que n'ajoutez-vous : Nous nions la lumière?

Vous niez, dites-vous? Eh bien, soit; niez, niez encore; niez toujours; niez tout; niez-vous vous-mêmes dans la partie la plus sublime de votre être; niez vos instincts supérieurs, vos aspirations célestes, votre vocation divine. Contre vous, non-seulement le christianisme, mais l'humanité entière affirme; elle affirme le surnaturel, elle affirme le miraculeux, elle affirme le mystérieux, elle affirme le céleste, elle affirme le divin au plus intime de son âme et au plus haut sommet de sa vie. Partout, toujours, constamment, universellement, invinciblement, l'humanité croit au surnaturel; elle le proclame par sa parole, elle le proclame par son culte, elle le proclame par son action. Si bien que pour vous donner raison, je dois supposer que non-seulement le christianisme, mais l'humanité de tous les temps et de tous les siècles s'est trompée et se trompe encore dans les plus profondes aspirations de son cœur et dans les plus invincibles affirmations de son intelligence. Oui, pour donner raison à votre philosophie, je dois supposer que toute humanité ment, ou que toute humanité ignore! Ah! c'est trop : j'aime mieux laisser à chacun ce qui lui appartient; j'aime mieux vous renvoyer à vous, nés d'hier, le mensonge et l'ignorance dont vous accusez insolemment le christianisme et l'humanité !

Vous niez le surnaturel! Ah! vous pouvez nier encore un million de fois; vos dénégations ne nous font pas peur; elles sont vaincues d'avance par l'universelle affirmation. Je sais que toute philosophie qui a besoin pour vivre que l'humanité entière se trompe et se mente à elle-même par ses croyances les plus universelles et par ses inspirations les plus sublimes, est une philosophie perdue. Aussi la vôtre ne subsistera pas; j'en ai l'invincible certitude. Peut-être elle demeurera comme une forme de l'orgueil en lutte contre Dieu; mais elle périra comme doctrine, elle rentrera dans ce néant vers lequel elle penche de toute manière en fuyant l'infini centre du monde surnaturel. L'humanité passera devant vous emportant dans l'avenir, comme le gage de sa destinée immortelle, cette croyance au surnaturel que vous pouvez discuter, analyser, nier jusqu'à la fin du monde, mais que vous ne lui arracherez jamais; non, jamais, jamais, entendez-vous? Ah! que le Ciel soit béni mille fois de votre impuissance à découronner l'âme humaine de son plus splendide sommet! Si Dieu vous donnait de prévaloir, vous n'aboutiriez qu'à ce résultat aussi fatal qu'il est honteux : ravaler les intelligences, aplatir l'humanité. Prenez-y garde, quand un peuple en masse cesse de croire au surnaturel, profonde est sa chute ; et le plus vaste développement de la science humaine ne l'empêchera pas de descendre à la barbarie. Vous avez détruit en vous-mêmes tout ce monde de la foi que vous nommez imaginaire ; vous ne croyez plus au surnaturel, et vous vous en vantez ? N'en soyez pas trop fiers pourtant : les mandarins du Céleste-Empire n'y croient pas plus que vous ; et ce n'est pas nous qui vous disputerons l'honneur d'être avec ces rationalistes chinois ou cochinchinois en communauté de pensées, de religion et de philosophie. Vous demandez pourquoi quatre mille ans de civilisation naturelle et scientifique n'ont rien pu pour faire monter ce peuple d'un degré au-dessus du plus vulgaire niveau ? voici tout le mystère : ce peuple, dans son ensemble, est naturaliste et rationaliste ; il ne croit à rien qui le rattache par de fortes convictions à l'immortel et à l'infini. Et voilà pourquoi ce vaste peuple, prodigieux par le nombre, plus prodigieux par la durée, demeure et demeurera vulgaire jusqu'à ce que le christianisme l'ait soulevé de terre et ait reporté par la foi au surnaturel son âme dans les cieux. Faites ce que vous voulez; un peuple ne croyant qu'à la nature, à la raison et à la science sera toujours un peuple vulgaire, grossier et plat ; vulgaire par la doctrine, grossier par ses instincts, plat par ses habitudes, barbare enfin par tout l'ensemble de sa vie.

Ennemis du surnaturel, destructeurs acharnés de la foi, est-ce là ce que vous prétendez faire de nos peuples chrétiens? Non, sans doute; et pourtant c'est ce que vous feriez infailliblement si vous aviez jamais le malheur, et pour vous et pour nous à nul autre pareil, le malheur de réussir. Quoi! vous voulez parmi nous la science sans la religion? la raison sans la foi? la vie de la nature sans la vie de la grâce? Que faites-vous? vous demandez l'aplatissement de la science, la déchéance de la raison, la dégradation de l'homme tout entier. La nature elle-même découronnée du surnaturel, ne demeurera pas même à sa légitime hauteur; vous brisez le nœud inviolable qui la rattache au divin pour l'élever plus haut; elle tombera au-dessous d'elle-même. Et tandis que quelque rare philosophe, adorateur de l'idéal entrevu par sa raison, s'en ira sur les hauteurs d'une métaphysique raffinée, planer à perte de vue au milieu des nuages, et balancer son esprit dans le vague des abstractions inaccessibles à la grande âme populaire; le peuple tout entier descendra au-dessous de l'homme : tombé par une première chute du ciel de la foi dans la sphère de la pure raison, il tombera de ce ciel inférieur dans une sphère encore plus ravalée; et fermant sur sa tête, avec le monde divin révélé par la foi, le monde spirituel révélé par la raison, il s'en ira humilier toutes ses grandeurs déchues dans le positivisme le plus grossier et le matérialisme le plus abject. Ainsi, cette erreur extrême aboutit à ce résultat fatal : dégradation des intelligences, humiliation de l'esprit humain.

III

Mais, Messieurs, je le sais, tous ceux qui de nos jours s'intitulent devant vous de ce superbe nom, *rationalistes*, ne poussent pas jusqu'à cet absolutisme absurde leur antagonisme contre la foi des chrétiens. Il est, même en dehors du christianisme, une philosophie qui brise heureusement avec certains axiomes du xviii° siècle ; philosophie plus polie dans ses formes, et, je dois ajouter pour être juste, sur plusieurs points moins erronée dans son fond. Cette philosophie ne se déclare ni hostile ni agressive ; elle n'affecte ni l'insulte ni le mépris ; elle ne demande pas la suppression de la foi ; elle consent à laisser vivre sur la terre cette fille du ciel : mais à la condition de vivre elle-même dans une souveraine indépendance, séparée de toute doctrine qui se déclare positive, surnaturelle, divine. Cette philosophie essaye de tenir entre les deux extrêmes que je viens de signaler, une sorte de milieu plus facile à concevoir spéculativement qu'à réaliser pratiquement. Elle ne va pas jusqu'à nier résolûment le surnaturel et les bases de la foi ; mais en même temps elle fait profession de ne les point affirmer. Jésus-Christ est-il Dieu? — Dans un sens, oui ; dans un autre, non. L'Église est-elle divine? — Si vous voulez, pourvu que vous ne le preniez pas d'une manière trop absolue. Mais enfin Jésus-Christ est-il Dieu, l'Église est-elle divine dans ce sens très-précis où l'entendent les catholiques? Le surnaturel doit-il être admis, non-seulement comme une sublime hypothèse, mais comme un fait incontestable? La philosophie dont je parle, si directement interpellée par le bon sens allant droit à son but, fait comme ferait dans un gouvernement parlementaire un ministre responsable sommé de s'expliquer sur une question délicate : elle ne dit pas absolument oui, et elle ne dit pas absolument non. Elle trouve même étrange qu'on la presse de s'expliquer sur des questions qui ne la concernent pas, qu'elle n'a pas le temps d'étudier, et qui sont, dit-elle, du ressort de la théologie. Car elle est bien résolue, s'il faut l'en croire, à ne jamais pénétrer dans ce sanctuaire réservé, trop modeste qu'elle est pour dépasser sa sphère et envahir un domaine qui n'est pas son domaine.

Cependant, toute modeste qu'elle se proclame, cette philosophie a une ambition qui n'est pas médiocre : elle se croit capable d'exercer le ministère spirituel et de guider l'humanité dans ses voies; elle ne dissimule pas même l'espoir de remplacer tout à fait dans un avenir plus ou moins prochain le sacerdoce catholique, et voire même de faire encore un peu mieux que lui; attendu qu'elle doit, dit-elle, élever de degré en degré l'âme humaine à toute sa grandeur, en la faisant passer progressivement de la croyance à la démonstration, du symbole de la vérité à l'intuition de la vérité, de la foi obscure à la raison pure. Quand viendra pour elle ce moment solennel où la philosophie, recueillant seule l'héritage du christianisme, pourra seule à son défaut exercer le sacerdoce des âmes? C'est ce qu'il est encore impossible de déterminer avec la dernière précision. Trois siècles nouveaux de travail intellectuel et d'examen rationnel doivent, à ce qu'il paraît, avancer beaucoup cette ère de transformation pacifique, où le christianisme, sans s'en apercevoir, s'évanouira dans la clarté philosophique, et deviendra, toujours sans s'en apercevoir, la philosophie elle-même.

En attendant, cette philosophie pacifique consent à vivre en bon accord avec le christianisme. Elle ne dédaignera pas même, si l'Eglise y consent, de se faire son utile auxiliaire dans les grandes luttes qu'elle soutient contre la conspiration de toutes les erreurs extrêmes, où l'on voit se réunir sous un même drapeau fouriéristes, saint-simoniens, positivistes, communistes, socialistes, pour attaquer avec le christianisme la grande et austère philosophie du spiritualisme. Dans ce duel à mort qui la menace elle-même de périr, elle ne refuse pas de se rallier au catholicisme, à la condition toutefois de ne jamais recevoir ses dogmes. Elle a son chemin à elle, pour arriver au même but; elle a son médiateur et son Verbe, qu'elle comprend à sa manière; elle a son Λόγος de Pythagore et de Platon, ces illustres précurseurs du Christ; elle a *son Verbe fait chair*, qui sert *d'interprète à Dieu* et de *médiateur à l'homme*. A quoi bon dès lors demander à l'Eglise un critérium de la doctrine, un organum de la vérité, un médium de la révélation qu'elle possède par elle-même? Pourquoi, dans le grand combat des esprits, sympathique au christianisme, mais non unie au christianisme, ne formerait-elle pas une légion séparée et une armée indépendante, n'attendant son mot d'ordre que de la raison et du génie ? Et pourquoi l'Église elle-même, méconnaissant sa mission et ses vrais intérêts, dédaignerait-elle d'accepter le secours que la philosophie lui offre si généreusement dans son impartiale justice et son indépendance dévouée ?

Cette philosophie, que j'appelle *pacifique* parce qu'elle ne veut pas la guerre, et *séparatiste* parce qu'elle ne veut pas l'union, supplie respectueusement la théologie de se renfermer dans sa sphère, et de lui laisser dans son libre domaine sa souveraineté indépendante. Et voici à peu près le discours qu'elle tient à la théologie catholique :

« Pourquoi vis-à-vis de moi ces défiances et quelquefois cette hostilité que je ne mérite pas ? Pourquoi me traiter en adversaire, lorsque je puis être une auxiliaire contre l'ennemi commun, le sauvage et le grossier matérialisme ? De quoi vous plaignez-vous ? est-ce que je ne vous honore pas infiniment avec vos dogmes et vos institutions ? Est-ce que je n'environne pas les uns et les autres de mes respects les plus profonds ? Est-ce que vous avez pu découvrir dans mes discours ou dans mes livres l'ombre d'une agression, un semblant d'hostilité? Il est vrai, je n'accepte pas de dépendre de vous et de m'unir entièrement à vous. Est-ce une raison pour me maudire? Vous me demandez de m'unir à vous? C'est me demander l'impossible. Vous êtes la théologie, je suis la philosophie ; est-ce que comme telles nous ne sommes pas essentiellement distinctes et dès lors nécessairement séparées? Comment de deux sciences former une seule science que vous nommez la science *totale* ? Est-ce que nous ne sommes pas deux souveraines ayant des droits égaux, quoique divers? Et comment deux souverainetés pourraient-elles sans s'abdiquer n'en former qu'une seule? Nous pouvons constituer deux doctrines parallèles et dans un sens alliées pour un même combat; mais nous ne pouvons, en nous unissant, former une seule doctrine soumise pour sa sanction et son efficacité à la même autorité. Comment nous unir, d'ailleurs, sans contradiction, lorsque notre origine, notre objet, notre domaine, tout nous sépare nécessairement?

« Vous vous proclamez fille du ciel : je ne suis, moi, qu'une fille de la terre. Vous vous attribuez une haute descendance, car vous dites que vous venez de Dieu : je confesse que je suis de moins noble origine, et je reconnais que je viens de l'homme. Vous parlez au nom du Christ et de la Divinité : je parle au nom de la raison et de l'humanité. Votre enseignement s'appuie sur la mission ; mon enseignement s'appuie sur le génie. Vous relevez de l'autorité ; je relève de la liberté. Séparées par l'origine d'où nous descendons, nous ne le sommes pas moins par la sphère où nous agissons. Vous parlez dans la chaire, et vous régnez au temple : je parle dans l'école, je trône dans l'Académie. Vous habitez une sphère sacrée, une région toute sainte : j'habite une sphère profane, une région toute mondaine ; vous êtes religieuse, et je suis séculière ; vous êtes cléricale, et je suis laïque. Entre vous et moi, d'où peut venir l'union ? Séparées par l'origine d'où nous venons et par la sphère que nous habitons, nous le sommes encore plus par les choses que nous enseignons. Vous enseignez comme obligatoire ce qui est supérieur à la raison, si ce n'est contradictoire à la raison ; je déclare facultatif cet enseignement où la raison n'a rien à faire, et je n'enseigne comme obligatoire que ce que peut par elle-même atteindre la raison. Vous avez votre religion positive pour gouverner les chrétiens; j'ai ma religion naturelle pour gouverner les hommes. Vous affirmez vos dogmes; moi mes principes. Vous imposez les symboles; moi je les explique. Vous habitez dans le mystère; moi dans l'évidence. Vous parlez aux cœurs; je parle aux intelligences. Vous enseignez le peuple; moi les savants. Vous conduisez à ses destinées la masse du genre humain; je guide dans ses voies l'avant-garde de l'humanité. Vous portez les générations dans vos bras pour faire leur éducation première; moi je *leur tends doucement la main pour les aider à s'élever encore plus haut.*

« Vous le voyez, notre origine, notre domaine, notre objet, notre but, tout nous sépare. Donc, demeurez dans votre sphère, moi dans la mienne; soyez ce que vous êtes, et laissez-moi ce que je suis; vous êtes la croyance, je suis l'intuition; vous êtes la tradition, je suis la démonstration; vous êtes le mysticisme, je suis le rationalisme; vous êtes la foi, je suis la science; vous êtes la théologie, je suis la philosophie. Entre vous et moi l'union ne peut pas être, et la séparation est à jamais. Allez par votre route, moi par la mienne. Comme vous souveraine et comme vous indépendante, je me sens assez forte pour marcher par moi-même à la conquête progressive de l'esprit humain. »

Telle est, Messieurs, vis-à-vis de la doctrine catholique, l'attitude de la philosophie *séparatiste*. On ne se sépare pas plus amicalement, on ne congédie pas plus respectueusement. On dit : Je suis philosophe, je ne suis pas théologien; j'enseigne librement d'après les données de la raison, je n'ai pas à m'enquérir des données de la foi. Entre la religion et la science, entre la raison et la foi, entre la philosophie et la théologie la paix peut exister, l'union ne peut pas être. Pour ces deux puissances proclamées également légitimes et également indépendantes, on consent à admettre un parallélisme pacifique qui permet à l'une et à l'autre de marcher dans sa route; mais une union qui ferait de ces deux sagesses conjointes une sagesse complète, jamais. Le rationalisme, dont je viens d'esquisser les principaux traits et de révéler l'ambition, n'y peut consentir. Il aime mieux emporter comme son œuvre quelques lambeaux de vérité, une science mutilée, une philosophie incomplète qu'il puisse nommer sa science et sa philosophie, plutôt que de trouver dans son union avec la foi la doctrine totale qui est la science et la philosophie de tous.

Personne ne le niera, ce procédé est fort commode, et cette attitude de la philosophie est encore plus facile qu'elle n'est fière. Mais ce procédé est-il rationnel? Cette attitude de nos philosophes se drapant dans leur suffisance est-elle vraiment philosophique? Vous dites : Je suis philosophe, et je ne fais que de la philosophie. — Mais en résulte-t-il que la philosophie vous ordonne de n'être jamais que philosophe, et qu'à titre de philosophe la raison vous autorise à n'être jamais théologien? Voilà une question magistrale entre toutes les questions. — J'enseigne d'après les données de la raison, et je ne veux rien avoir à démêler avec les données de la foi. — Mais là réside précisément le problème souverain. Le suprême effort de ma raison doit être d'arriver à savoir s'il n'y a rien de supérieur à ma raison ; et ma grande philosophie est de me demander s'il n'y a rien au-dessus de la philosophie.

Car enfin, Messieurs, si l'hypothèse que nous faisions dans la dernière conférence s'est vraiment réalisée ; si le Verbe de Dieu, en rayonnant directement sur l'âme humaine, lui a ouvert en se montrant lui-même un second monde de la vérité, et s'il a donné à l'homme pour y regarder une nouvelle capacité de voir ; le philosophe plus que le peuple sera-t-il libre de dire : Non, je ne regarderai pas dans ce second monde de la vérité ? Et si, du fond de ce monde qui se dérobe à la portée de sa naturelle vision, le Verbe lui crie : La borne de ton regard, sache que ce n'est pas la borne de mon empire : moi la vérité, je m'étends à tout ce que tu peux voir, mais par delà encore ; le philosophe répondra-t-il : Non, par delà ce que je découvre la vérité ne peut plus être ? Et comme Dieu pourra-t-il dire : Ma connaissance est la mesure de la vérité ; mon intelligence est l'équation de l'intelligible ? Ou bien, se renfermant dans une abstention irrationnelle et une indifférence illogique, dira-t-il : Qu'est-ce que la vérité que ma raison ne découvre pas? Qu'est-ce que des dogmes que ma raison ne comprend pas? Évidemment, Messieurs, tenir un tel langage serait au nom de la philosophie renoncer à la grande philosophie ; et séparer par ce procédé rationnellement inacceptable la philosophie de la théologie, c'est, pour vouloir être trop sage, renoncer à la sagesse.

Ah! cette folie philosophique qui consiste à s'excommunier volontairement soi-même d'une partie de la vérité, vous l'avez reprochée à d'autres philosophes avec une merveilleuse puissance de raison et d'éloquence. N'est ce pas vous qui disiez fièrement à la philosophie positiviste répudiant tout entier le domaine de l'esprit : « Quoi! vous voulez affranchir l'esprit humain, et vous lui préparez des chaînes? vous voulez diviser son travail, et vous en brisez l'harmonie? vous voulez organiser les sciences, et vous en rompez l'unité? vous coupez en deux le domaine de la pensée pour en supprimer la meilleure moitié ; et vous décorez cela du beau nom de philosophie positive, et vous croyez ouvrir à la nature humaine une ère nouvelle d'affranchissement et de progrès! »

Oui, vous avez raison, le positivisme commet contre l'esprit humain cet attentat monstrueux ; il mutile la science et l'homme tout ensemble, en retranchant d'un seul coup leur sommet le plus haut ; il efface d'un trait tout un monde, parce que ce monde le gêne ; il supprime tout le domaine de l'âme, toute la sphère des esprits, second monde où vous habitez vous-mêmes ; et fier de ses destructions, il ne laisse subsister que le troisième monde, où il se retire avec la prétention insensée d'organiser la science et de coordonner tous les êtres, alors qu'il n'organise que la matière et ne coordonne que des corps.

Mais si le positivisme à votre tribunal est convaincu de folie et d'attentat contre l'esprit humain, pour oser retrancher le monde spirituel proclamé par votre philosophie spiritualiste, êtes-vous sages vous-mêmes, êtes-vous excusables devant l'esprit humain, de supprimer un autre monde, le monde divin que vous considérez comme tout à fait imaginaire, ou du moins que vous traitez comme s'il n'existait pas? Quoi!! vous ne voyez pas que vous aussi vous scindez la vérité et diminuez l'esprit humain? Quoi! vous coupez en deux vous aussi le domaine de la pensée; vous en supprimez non seulement la meilleure part, mais la part divine; vous ne voulez pas entendre parler de ce monde infini qui n'est autre chose que Dieu lui-même; vous aimez mieux la compréhension de ce fini étroit qu'embrasse votre regard, que la vue de cet infini où votre raison s'indigne de ne pouvoir tout embrasser : et vous faites de cet horizon lui-même la borne de l'infini?.. Vous aussi en un mot vous brisez l'harmonie et rompez l'unité : et vous nommez cela la vraie sagesse; et vous voulez, dites-vous, agrandir l'esprit humain?...

Non, Messieurs, non, la vraie sagesse ne connaît pas ces morcellements de la doctrine et ces mutilations de la vérité. Elle ne peut pas plus accepter la séparation de la raison et de la foi, qu'elle ne peut accepter leur commune destruction ou leur mutuelle confusion. Maintenant dans sa vaste synthèse leur légitime union et leur nécessaire distinction, elle les conjoint par un mariage indissoluble au sein du Verbe de

Dieu, où elles viennent s'embrasser sans se confondre dans une harmonieuse unité.

Ah! cette vivante et divine unité qui est ce Verbe incarné lui-même, c'est-à-dire Jésus-Christ connu sous ses deux faces et éclairant les deux mondes, au nom de la foi que je défends, au nom de la raison que vous respectez et au nom du progrès intellectuel que nous invoquons tous, oh! je vous en prie, ne la brisons et ne la mutilons pas. Nous catholiques, disciples de la vérité totale et de la doctrine complète, nous ne pouvons consentir à vous voir loin de nous, déshérités de la meilleure part de cette vérité, dont le Verbe de Dieu nous a légué l'héritage. Est-ce qu'il y a pour nous un Verbe, et pour vous un autre Verbe? Est-ce qu'il y a pour nous un Christ, et pour vous un autre Christ? *divisus est Christus?* Est-ce qu'il y a pour vous une philosophie, et pour nous une autre philosophie? pour vous une science, et pour nous une autre science? Non, non, Messieurs, il n'y a qu'un seul Verbe, et ce Verbe est toute la science; il n'y a qu'un seul Christ, et ce Christ est tout en tous : *omnia in omnibus Christus* : toute la vie des cœurs par son amour, toute la vie des intelligences par sa parole. Voilà pourquoi, après dix-huit siècles déjà passés, sur les ruines de tant de philosophies mortes en dehors de lui, devant l'aristocratie de la science et devant les représentants les plus illustres de la sagesse humaine, nous osons redire encore cette parole de saint Paul, qui semble un défi jeté à toute philosophie, et qui est la proclamation de la plus haute et de la plus complète philosophie : J'ai fait profession de ne savoir parmi vous que Jésus-Christ et Jésus-Christ crucifié : *Non judicavi me scire aliquid inter vos, nisi Jesum Christum, et hunc crucifixum* (1).

Que me manque-t-il, en effet, quand j'ai le Verbe tout entier? qu'ai-je besoin de chercher encore lumière et vérité, lorsque partout et en tout j'affirme Celui qui a dit : *Je suis la lumière du monde ; je suis la vérité?* Plus je le connais, plus les horizons de la vérité se découvrent devant moi et resplendissent dans la lumière ; et réciproquement plus je grandis dans la vérité et m'épanouis dans la lumière, plus je

---

(1) I Cor. II, 2.

sens que la vérité et la lumière m'attirent vers lui-même, centre de toute vérité et foyer de toute lumière. Comme les rayons épars dans l'atmosphère des corps me ramènent quand je les suis au soleil qui illumine les corps; ainsi tout le rayonnement de la vérité répandu dans l'atmosphère des âmes me ramène à cet astre divin qui illumine de ses clartés le monde des intelligences. Donc, arrière l'erreur renouvelée de la Gnose antique, qui divisait la sagesse en divisant Jésus-Christ : tantôt lui retranchant l'humain, tantôt lui retranchant le divin, tantôt confondant l'un et l'autre, et toujours détruisant avec la totalité de sa vie la plénitude de la science. Ah! ne divisons rien et ne supprimons rien dans cette divine harmonie. Ne confondons pas, mais ne séparons pas non plus : prenons Jésus-Christ tout entier, le Verbe incarné dans la distinction de ses deux natures et l'unité de sa personne, Homme-Dieu enfin, oui, prenons-le tout entier. Lui seul est la solution du problème qui nous occupe. Lui seul est le pont divin qui nous fait passer, sans sortir de lui-même, d'un monde à un monde, d'une science à une science. Échelle céleste qui nous fait monter de degrés en degrés de la lumière vulgaire de la raison à l'admirable lumière de la foi, de l'imparfait au parfait, et du commencement à la fin. Il est l'alpha et l'oméga de la doctrine ; il est la compréhension harmonieuse du divin et de l'humain ; tout se coordonne et se soutient en lui : *Omnia in ipso constant ;* et il vous crie, à vous tous, amis de la vérité : « Venez à moi, je suis la vérité, rien que la vérité, toute la vérité ! *Ego sum veritas !* »

O Verbe divin ! ô Verbe incarné ! parlez, parlez vous-même, puisque vous êtes le Verbe : oui, vous-même, ô Vérité, qui parlez au dedans, tandis que la voix de l'homme retentit au dehors, faites entendre au fond de toutes ces âmes qui vous écoutent cette voix dont je ne suis qu'un écho. O Verbe que j'aime, ô Verbe que j'adore, écoutez la prière qu'en finissant vous adresse mon cœur : faites, faites, ô mon Dieu, que tant de nobles âmes dignes de vous connaître, de vous aimer et de vous adorer, vous connaissent, vous aiment et vous adorent avec moi. Ne leur dites pas seulement : Venez ; ah ! faites-les venir. O Verbe illuminateur, que par vous la lumière soit dans toutes ces intelligences qui vous cherchent; et que toutes trouvent en vous, centre éternel de toute sagesse, la plénitude de la doctrine, l'agrandissement de la pensée et la paix dans la vérité!

TROISIÈME CONFÉRENCE.

TROISIÈME CONFÉRENCE.

INDÉPENDANCE DE LA RAISON

ABAISSEMENT DE L'INTELLIGENCE.

Éminence,

Après avoir montré comment l'harmonie de la raison et de la foi constitue la sagesse complète et agrandit l'esprit humain, nous avons signalé dans notre dernière Conférence les principales erreurs qui la détruisent. Il y a une erreur qui nie la raison pour l'absorber dans la foi, et confisque la philosophie au profit de la théologie. L'Église repousse cette erreur, qui supprime la base de la science surnaturelle. Il y a une erreur diamétralement opposée, qui nie la foi pour l'absorber dans la raison, et confisque la théologie au profit de la philosophie. L'Église repousse particulièrement cette erreur, qui, en supprimant le surnaturel, ôte à la vie humaine son sommet divin. Enfin, il y a une erreur qui prétend garder entre les deux autres le milieu de la vérité, et qui détruit l'harmonie entre la raison et la foi, en demandant leur mutuelle séparation. L'Église repousse cette erreur, qui brise le nœud où le naturel se lie au surnaturel, et où le divin se rattache à l'humain pour composer la sagesse vraiment progressive. Telles sont les trois erreurs qui blessent l'esprit humain, et brisent d'une manière diverse le faisceau de la vérité totale : les deux premières confondent ce qui est distinct ; la troisième sépare ce qui est uni ; toutes trois conduisent au chaos. L'Église, en condamnant ces trois erreurs, défend contre toutes ces agressions l'harmonie de la vérité complète constituée en Jésus-Christ Notre-Seigneur pour le progrès des intelligences.

Mais pourquoi cette harmonie, qui fait la vraie grandeur de l'esprit humain, est-elle attaquée et détruite par l'esprit humain? D'où vient que l'humanité elle-même s'acharne tant sur ce point à conspirer contre sa propre grandeur? Si la raison est une base pour la foi, et la foi un couronnement pour la raison; et si l'union de l'une et de l'autre agrandit nécessairement devant les intelligences le champ de la vision : à quoi tient-il que tous les esprits avides de Progrès ne viennent pas se reposer au sein de cette harmonie, qui est pour les intelligences le principe du vrai progrès? Au fond de ces désaccords qui détruisent l'harmonie, n'y aurait-il pas quelque passion secrète plus ou moins avouée? Et derrière cette systématique opposition faite par le rationalisme à une alliance qu'invoque la raison, n'y aurait-il pas peut-être quelque mystère caché? Oui, Messieurs, il y a là quelque mystère; oui, il y a là une passion qui explique cet antagonisme profond; passion qui engendre toutes les grandes aberrations de l'humanité, et partout met le chaos à la place de l'ordre: c'est la passion de l'*indépendance*, qui, sous

le nom de libre pensée, soulève l'orgueil de
l'esprit contre l'autorité de la foi. Cette passion, aussi ancienne que l'humanité, fausse la
situation de la philosophie devant la théologie,
et crée un malentendu qui trompe même les
meilleurs esprits. C'est elle qui nous dit par la
voix des rationalistes :

« Vous nous demandez une alliance avec la
foi à nous hommes des temps modernes ; et
vous souhaitez que la philosophie vive en parfait accord avec la théologie. Nous vous savons
gré de cette pacifique et généreuse intention.
Volontiers nous marcherions avec vous unis
comme des frères dans l'unité de la doctrine,
si l'alliance que vous nous proposez ne renfermait une condition que nous ne pouvons accepter, et ne nous demandait vis-à-vis de la foi
une situation incompatible avec notre dignité,
c'est-à-dire avec notre liberté. Au fond, sous
le couvert de cette alliance vous nous demandez la servitude. L'harmonie que vous
nous proposez n'est pas la concorde de la
théologie et de la philosophie, jouissant chacune dans sa sphère de son indépendance
respective. Vous ne vous contentez pas que la

raison marche en paix à côté de la foi, et que la philosophie, tendant au même but, fasse son œuvre libre et parallèle à la théologie : vous demandez entre l'une et l'autre une relation de commandement et d'obéissance; vous exigez que la raison soit soumise à la foi, et que la philosophie soit la servante de la théologie, selon la formule consacrée par le moyen âge : *Philosophia theologiæ ancillans.* C'est trop; c'est nous demander de renoncer à la conquête de l'esprit nouveau : nous n'y consentirons jamais. Vous venez trop tard de trois siècles; nous sommes les fils du libre examen; nous proclamons *la souveraineté absolue* de la raison. »

Telle est, Messieurs, la déclaration un peu superbe que nous adresse la passion de l'indépendance rationnelle; tel est l'*ultimatum* que nous envoie la philosophie moderne, nous annonçant une rupture définitive et une irrévocable séparation, si nous ne consacrons au nom de l'Église ce qu'elle nomme son droit inaliénable, et ce qu'elle proclame comme la première condition du progrès des intelligences, l'*indépendance absolue de la pensée personnelle.* Là est en effet le point central du rationalisme moderne ; là est sa racine, sa vie, son essence même : libre pensée, libre réflexion, *indépendance absolue* ; là, selon la parole même d'un rationaliste contemporain, est la seule vraie unité philosophique. « La pensée qui s'exerce dans un cercle qu'elle-même n'a pas tracé et qu'elle ne peut dépasser, peut renfermer toute vérité ; mais ce n'est pas encore la pensée dans cette indépendance *absolue* qui caractérise la philosophie : l'esprit philosophique se reconnaît à un seul signe, l'indépendance. »

Vous le voyez, Messieurs, l'indépendance absolue de la raison personnelle en tout ordre de choses est le point de départ de la philosophie moderne ; et cette indépendance même est donnée comme le premier ressort du progrès intellectuel. Ma hardiesse va sans doute vous étonner. Quoi qu'il en soit, j'entreprends de vous montrer que cette indépendance n'est pas un principe philosophique et qu'elle n'est pas un progrès intellectuel. J'irai plus loin ; j'établirai que cette indépendance est en elle-même la contradiction philosophique à la plus haute puissance, et dans ses effets l'humiliation et la servitude de l'esprit humain.

I

Essayons d'abord de bien entendre que l'indépendance absolue de la raison personnelle, qui est l'essence même du rationalisme, est théoriquement et pratiquement *irrationnelle* : c'est en théorie la contradiction, et en pratique l'inconséquence philosophique.

Depuis un siècle surtout, Messieurs, le monde savant offre à l'observateur qui en suit les mouvements et en écoute les bruits, le phénomène le plus étrange et parfois le spectacle le plus grotesque. C'est d'un bout du monde à l'autre, dans les écoles, dans les académies, dans les discours, dans les livres, dans les revues, dans les journaux, dans les brochures, je ne sais quel immense retentissement de paroles, de formules, de protestations, de réclamations, de menaces, mais surtout d'appels à l'indépendance de la raison. Écoutez parler le rationalisme moderne; sous ses formules diverses vous le reconnaissez partout identique à lui-même : « Place à l'esprit nouveau ; laissez passer l'idée moderne ; l'esprit humain sort de ses langes ; voici venue la grande heure de son affranchissement. Qu'on ne nous parle plus d'autorité : la raison humaine s'est comprise enfin elle-même ; elle sait qu'elle est la seule, la suprême autorité. La raison n'est plus une esclave, elle est une souveraine ; elle ne reçoit plus les définitions de la foi, elle les juge : l'émancipation est complète, la liberté est illimitée. A la raison seule désormais de guider l'esprit humain ; l'avenir appartient à l'esprit nouveau ; il a conquis le principe par lequel il dominera tout : *l'indépendance absolue de la raison.* »

Au milieu de tout ce bruit de paroles toutes plus ou moins gonflées du vent de l'orgueil, on entendait retentir la voix grave de quelques hommes qui se donnaient pour des révélateurs, et venaient annoncer au monde cette grande découverte : à savoir que l'esprit humain ne doit plus obéir ; que sa compétence est illimitée, sa souveraineté absolue. Et tous ensemble, du haut de leur renommée, redisaient à la jeunesse les formules sacramentelles du nouvel évangile, éternel refrain du rationalisme moderne : N'écoutez plus la théologie du moyen âge. Elle disait à nos pères : La philosophie est la servante de la théologie : *philosophia theologiæ ancillans*. Non, désormais vous ne serez plus serviteurs, vous serez souverains ; le dogme, si sacré soit-il, ne sera plus la règle de votre raison : c'est votre raison qui jugera le dogme. Nous avons fait pour vous et pour tous ceux qui viendront après vous, la grande conquête des temps modernes : nous avons conquis *l'indépendance absolue de la raison*. Défenseurs courageux de vos droits, amis passionnés de votre liberté, nous avons ébranlé sur son autel l'antique idole de l'autorité. Renoncerez-vous à une indépendance conquise par tant de labeurs ? Non, nous en jurons par la noble fierté qui relève vos fronts, et par le saint enthousiasme qui soulève vos poitrines ; affranchis que vous êtes des vieilles servitudes, non, vous ne consentirez plus à redevenir esclaves ; et vous serez avec nous, dans le champ glorieux des conquêtes de la pensée, les soldats de l'indépendance et de la liberté ! »

Vous comprenez, Messieurs, sans que je le dise, que de tels discours ne manquaient jamais de provoquer de frénétiques applaudissements ou de susciter à leurs auteurs de populaires ovations.

Quoi qu'il en soit, telle est l'attitude que le rationalisme prend devant le Christ et son Église : l'indépendance absolue de la raison personnelle ; en d'autres termes l'absolutisme de la pensée individuelle se proclamant elle-même comme le principe de toute autorité ; la raison de l'homme ne reconnaissant aucune limite, n'acceptant aucun joug, repoussant tout contrôle ; et au lieu de recevoir sa règle, se posant elle-même comme la règle, et, comme telle, aspirant à tout diriger, tout gouverner sous son empire absolu.

Voilà le rationalisme tel qu'il se définit et se proclame lui-même. Cette philosophie qui aspire à tout juger, il faut la juger elle-même ; cette philosophie qui se vante d'être la plus haute expression de la raison, il faut oser vous dire une fois ce qu'elle vaut devant la raison ;

ses fiers disciples ne trouveront pas mauvais qu'on use d'un droit qu'ils revendiquent pour tous, et qu'on déclare ici avec une complète indépendance ce qu'il faut penser de la philosophie de l'indépendance.

Je pourrais d'abord vous faire remarquer l'étrange démenti que le rationalisme contemporain se donne ici à lui-même. J'entends partout les hommes qui se font ses organes protester avec éclat contre tout ce qu'ils nomment absolutisme. Sous quelque forme et dans quelque sphère qu'il se présente pour revendiquer l'exercice de la souveraineté absolue, ils le repoussent, ils le maudissent au nom de la raison et de la liberté; et à prendre leurs paroles dans le sens rigoureux, quand ils s'adressent à ce qui n'est qu'humain, ces hommes ont raison : ils ont raison philosophiquement et ils ont raison chrétiennement : une souveraineté absolue dans l'homme est antichrétienne et irrationnelle tout ensemble. Mais, chose remarquable, cet absolutisme que poursuit partout leur fière raison, par la plus étrange des contradictions, ils le revendiquent pour elle; ils prétendent lui faire, à cette superbe ennemie de l'absolutisme, le plus gratuit et le plus despotique des absolutismes : car qu'est-ce que l'indépendance absolue de la raison, si ce n'est l'absolutisme de la raison ?

Mais c'est peu de vous montrer le démenti que le rationalisme se donne ici à lui-même : il faut vous dire ce qu'il y a au fond même de cette formule si vantée par ses disciples : *Indépendance absolue de la raison personnelle*. Ce qu'il y a, Messieurs, je vais vous le dire : il y a le non-sens et l'erreur philosophique ; il y a l'inconséquence philosophique ; il y a la contradiction théorique et pratique aussi grande qu'elle peut être.

Quoi ! Messieurs, cette formule : *indépendance absolue de la raison*, nous est donnée comme la plus sublime expression de la raison ! Quoi ! c'est le principe générateur de toute philosophie ! c'est le caractère même de l'esprit philosophique ! Et c'est au xixe siècle que l'on proclame au nom de la raison ces solennelles folies ! Et il y a des générations entières assez naïves pour croire à une affirmation dont la raison d'un enfant ferait à elle seule une complète justice ! Que dis-je ? des chrétiens se rencontrent qui ne paraissent pas éloignés de croire que peut-être il y a là, au fond de cette formule sacramentelle, le principe d'une grande philosophie! O crédulité des siècles incrédules!

Remarquez-le bien, Messieurs, la dignité de la philosophie et les prérogatives de la raison sont ici hors de cause. Ce que je combats dans ce discours, ce n'est pas la puissance, mais l'abus de la raison; ce n'est pas la raison, c'est le rationalisme; le rationalisme qui se donne comme la plus haute philosophie, parce qu'il se proclame lui-même *l'indépendance absolue de la raison*.

Or, croyez-vous vraiment que cette formule célèbre constitue un principe philosophique, et que de son application à l'esprit humain une philosophie puisse sortir? Non, Messieurs, non, il n'y a pas là un principe philosophique; il n'y a là qu'un non-sens philosophique. Est-ce que vous ne voyez pas que ce principe, par lui-même essentiellement négatif, ne peut rien engendrer, rien produire, rien constituer? Votre raison personnelle est déclarée, antérieurement à toute discussion, souveraine absolue, indépendante. Mais de grâce, que le rationalisme daigne une fois nous l'expliquer, qu'est-ce que cela fait pour constituer une philosophie ? Mais rien, Messieurs, absolument rien. On vous dit : « Ta raison ne doit reconnaître « aucune puissance qui lui soit supérieure ; « elle est l'autorité des autorités : si tu veux « être philosophe, sache que tu ne dois dé- « pendre de personne, et que ta règle, ta seule « règle, c'est toi-même. » Or, qu'est-ce que cela veut dire, je vous prie ? Cela veut dire ceci : Jeune homme, sur toute chose, sur le naturel et le surnaturel, sur l'humain et le divin, sur le créé et l'incréé, sur l'origine et la destinée, sur le commencement et la fin, sur le christianisme et l'Eglise, sur l'homme et sur Dieu, pense tout ce que tu voudras et comme tu voudras toi-même par toi-même ; en un mot, sois libre penseur, et te voilà philosophe ; car tu es marqué au signe de la vraie philosophie : *l'indépendance*.

Ainsi, être philosophe, ce n'est plus être ami de la sagesse, c'est être amant de l'indépendance. A ce compte, vous en conviendrez, il en coûte peu de se faire philosophe ; et il n'est pas de penseur de seize ans qui ne s'adjuge à lui-même, à titre d'indépendant, même avant tout examen, son diplôme ès-sciences philosophiques. C'est au sens le plus vrai la philosophie à bon marché.

Encore, si ce principe une fois admis pouvait par lui-même vous apprendre quelque chose ; s'il vous mettait sur la voie d'une solution quelconque ; s'il était un axiome sur lequel pût s'élever une science ; s'il constituait un centre qui pût fonder l'unité des esprits ! Mais non ; cette formule est négative, rien que négative ; elle nie l'autorité, elle nie la dépendance, elle nie la soumission. Quel problème résout-elle ? Aucun. Quel édifice doctrinal construit-elle ? Aucun. Quelles conclusions positives engendre-t-elle ? Aucune. Quelle unité fonde-t-elle ? Aucune. On nous a dit pourtant : Là est toute la philosophie ; *là est la seule vraie unité philosophique*. Oui, philosophie de la négation ; unité dans la dispersion ; l'édifice de la science dans la pulvérisation des doctrines et la division des esprits !

Telle apparaît tout d'abord cette indépendance absolue de la raison posée comme le

principe même de la philosophie, un non-
sens philosophique. Il y a plus : cette indépendance absolue de la raison est niée par
la raison ; c'est en philosophie l'erreur fondamentale, c'est l'erreur principe de toutes
les erreurs. Il n'y a, et il ne peut y avoir dans
l'humanité, en aucun ordre de choses, de
puissance absolument indépendante. Cet absolutisme rigoureux est contre la nature des
choses; il est l'attribut divin dans l'homme ;
c'est l'apothéose de l'humanité. L'indépendance
absolue répugne à toute créature, parce que la
dépendance est de l'essence du créé. Dieu, en
créant un être, ne le peut détacher totalement
de lui; et alors même qu'il donne à l'homme
la liberté, il rattache à son domaine essentiel
toutes ses puissances, même les plus libres,
par une chaîne de dépendance que l'homme ne
peut briser sans outrager Dieu et sans se mentir
à lui-même. L'indépendance absolue n'est que
la négation de toute règle ; or la règle est de
l'essence de tout être créé, même de l'être
inanimé qui ne peut ni sentir ni connaître sa
règle. Le plus beau privilége de l'être raisonnable est de la connaître et de la vouloir ; de la

connaître par son intelligence, et de la vouloir par sa liberté.

Mais l'homme n'est pas seul à subir cet empire. La vie organique elle-même a sa règle inflexible et son inévitable servitude. Il n'y a rien de si captif que ce qu'on appelle un organisme; vouloir l'affranchir de la chaîne et l'étendre par delà sa sphère, c'est le rompre et lui donner la mort; il fonctionne dans des limites et sous le joug d'une règle qu'il ne violerait pas sans se détruire lui-même; et tout être organisé, même destitué de raison, proteste ici contre l'indépendance; il dit jusqu'en son silence : « Ou dépendre ou périr; ou ma règle ou ma mort. »

Regardez en vous et autour de vous : est-ce que partout vous ne voyez pas la règle, et dans la règle une dépendance salutaire? Vous-mêmes, libres d'aller et de venir à la surface de la terre, vous êtes plongés dans une atmosphère respirable, dont les éléments sont combinés pour la conservation de votre vie; et vous n'en sortirez pas sans expirer dans le vide. Vous plaignez-vous de la tyrannie de l'air? Rejetez-vous la servitude de la vie condamnée à respirer en lui? et vos plus fiers aéronautes trouvent-ils étrange de ne pas monter jusqu'aux étoiles et de respecter sous peine de mort les frontières de la vie? Eh bien, il y a une atmosphère des âmes où le divin est combiné avec l'humain pour la conservation de votre vie intégrale; la philosophie n'en peut sortir sans s'exposer à perdre haleine et à mourir dans le vide.

Vous roulez, de nos jours, sur vos chars ailés, comme ne roulaient pas naguère les plus fiers souverains; en quelques jours bientôt vous ferez le tour du globe : et ces inventions du génie accroissent sans contredit votre liberté d'aller plus vite et plus loin vers tous les points de la terre et tous les vents du ciel. Mais cette liberté même vous condamne à la servitude. Le génie, pour vous porter où il veut, vous enchaîne à la règle. Le char ne peut dévier; il roule, mais il roule attaché au rail qui le tient captif de son heureuse tyrannie; en vous emportant dans son mouvement il vous emporte dans sa servitude : pour vous, comme pour lui, la liberté de dévier de la route ne serait que la faculté de vous jeter à l'abîme. L'orthodoxie qui vous épouvante, c'est la ligne tracée par le Verbe de Dieu à travers les abîmes de la pensée : qui l'abandonne est menacé de s'y précipiter, et tôt ou tard s'y précipitera.

Vous regardez avec une admiration qui ne tarit pas plus que ses flots, ce fleuve qui passe dans la cité, et va par son cours gracieux et magnifique porter dans les campagnes rafraîchies la fécondité de ses eaux. Image de tous ces dons que la Providence verse dans l'humanité des sources de l'infini, ce fleuve n'est pas seulement un spectacle, c'est un bienfait ; oui, mais à quelle condition ? A la condition qu'il coule docile entre ses rives. Qu'il vienne à rompre sa digue, qui est la règle de son cours ; ou qu'on vienne à l'affranchir de cette dépendance qui tient ses eaux captives : alors qu'arrive-t-il ? Le fleuve n'est plus un bienfait, c'est un fléau ; et s'il franchit ses limites, c'est pour porter partout le désastre et la mort. Le génie est un fleuve aussi ; sorti des profondeurs de Dieu, il doit passer dans le monde des intelligences et verser dans sa parole les eaux vives de la vérité ; mais s'il n'a pour verser son abondance un lit ouvert par la main de Dieu, et pour guider son cours des digues protectrices ; malheur à lui et malheur à vous ! Ce génie passera dans l'humanité, non comme un fleuve qui féconde, mais comme un torrent qui détruit ; et les intelligences ravagées par ses débordements crieront d'une voix unanime : Malheur au génie qui ne veut plus de règle ! malheur à la philosophie qui ne connaît pas ses limites et franchit ses frontières !

Messieurs, ces splendides images ne sont que le rejaillissement dans le monde physique de la réalité que je vous montre dans le monde intelligible. Partout la terre vous convie au même spectacle et vous donne la même leçon, en vous montrant en tout être créé la règle et l'obéissance. Regardez en haut : le monde astronomique n'est tout entier qu'un mouvement dans la règle et une harmonie dans la captivité ; et volontiers nous dirons avec un de nos plus savants évêques : « Ceux qui ont proclamé l'absence de toute règle et de toutes limites comme la liberté du génie, ressemblent à un astronome qui voudrait perfectionner les cieux en détruisant la force invariable qui maintient le mouvement des astres dans des orbes déterminés. » Tout mouvement doit être réglé, même le mouvement des intelligences, surtout le mouvement des intelligences : car nul ne peut dire quel désordre porte dans le monde intellectuel et moral un génie qui, pareil à un astre dévoyé, quitte le sentier que Dieu lui a tracé dans l'universelle harmonie.

Sans doute la pensée n'est pas astreinte à suivre dans le monde des idées, comme les astres dans l'espace, des lignes inflexibles ; elle a ses lignes pourtant dont elle ne peut dévier ; elle a un champ ouvert à sa légitime expansion, mais elle a des barrières opposées à ses faciles divagations. La philosophie, pas plus que toute autre chose, n'échappe à la dépendance, qui est la condition de tout mouvement intellectuel et de toute vie morale, comme elle est la condition de toute vie organique et de tout mouvement sidéral. Il n'y a pas plus d'indépendance absolue dans l'ordre philosophique, qu'il n'y en a dans l'ordre artistique, moral, religieux et social. L'indépendance absolue dans l'ordre religieux, c'est la négation de la religion ou le règne de l'impiété. L'indépendance absolue dans l'ordre artistique, c'est la négation de l'art ou le règne du laid. L'indépendance absolue dans l'ordre moral, c'est la négation de la vertu ou le règne du vice. L'indépendance absolue dans l'ordre social, c'est la négation de la société ou le règne de l'anarchie. Et, dans l'ordre philosophique, l'indépendance absolue de la raison est la négation de la raison ou le règne de l'absurde.

Donc, pour sauver la philosophie elle-même de sa propre ruine, la raison demande que nous abdiquions résolûment cette erreur source de tant d'erreurs, la *souveraineté absolue de la raison personnelle*. Car, sachez-le bien, ce principe est pour la philosophie elle-même un germe de mort. La philosophie qui le proclame croit vivre par ce principe. Mais j'affirme que si elle se l'appliquait à elle-même dans toute son étendue, elle en mourrait. Le rationalisme accepté sans réserve est le suicide de la raison. Heureusement la nature sur ce point est plus forte que la philosophie : elle la fait reculer devant son principe ; elle ne permet pas à l'esprit humain de s'en faire à lui-même une application sans limite. L'inconséquence préserve ici la philosophie d'un suprême naufrage, et la raison se sauve elle-même en reniant le principe destructif de sa vie. Oui, disons-le bien haut, parce que c'est la vérité que ce siècle doit entendre : la souveraineté absolue de la raison, c'est la contradiction philosophique élevée à la plus haute puissance. L'indépendance absolue de la raison est niée par la raison; elle est rationnellement contradictoire, et le rationalisme dans son essence se résout dans la négation de la raison.

Mais je veux signaler dans le rationalisme contemporain une autre contradiction non moins flagrante, que j'appellerai, pour la distinguer de la précédente, la contradiction pratique; j'entends le refus obstiné que font les rationalistes d'examiner les fondements de la révélation et les motifs de crédibilité que la foi présente à la raison.

En nous plaçant au point de vue purement théorique, nous venons de voir, qu'en droit, la raison humaine ne peut se dire en possession d'une indépendance absolue. En fait, nous déclarons, appuyés sur la raison et l'histoire, que Dieu a restreint l'indépendance de la pensée humaine, et qu'il lui a demandé, en se révélant lui-même par son Verbe, une obéissance positive à sa propre pensée seule vraiment infaillible et vraiment souveraine.

La théologie catholique, dans des monuments qui subsistent et que vous pouvez interroger, démontre à l'humanité, depuis bientôt deux mille ans, que le Verbe s'est incarné et qu'il a parlé aux hommes; elle établit tout à la fois la divinité du Verbe révélateur, la divinité des dogmes révélés et la divinité de l'Église interprète de la révélation. Je ne fais pas moi-même en ce moment cette démonstration, veuillez le remarquer : on ne peut tout dire ni tout faire à la fois. Mais j'affirme que la démonstration se fait avec une certitude qui porte la conviction en toute âme saine et désintéressée. Elle se fait de mille manières, que je ne puis même énumérer; elle se fait par le miracle et par la prophétie; elle se fait par l'histoire et par la législation du peuple élu pour préparer la venue du Messie; elle se fait par l'Écriture et par la Tradition; elle se fait par les prodiges, par la doctrine et par le caractère personnel de Jésus-Christ; elle se fait par la propagation du christianisme, par le phénomène du martyre et de l'apostolat chrétien ; elle se fait par le prodige de la conservation et de l'indéfectibilité de l'Église à travers les orages et les révolutions du temps ; elle se fait par le phénomène unique de ses luttes contre toutes les hérésies, toutes les philosophies et toutes les passions qui conjurent sa ruine ; elle se fait par l'étude de sa divine hiérarchie et par l'immutabilité de son symbole ; elle se fait par la révélation des harmonies de tous les dogmes entre eux et de la vérité de chacun en particulier ; elle se fait par la puissance surhumaine de la doctrine et de l'institution catholiques pour répondre à tous les besoins de l'humanité ; elle se fait par la manifestation divine de son action sur l'individu, sur la famille et sur la société. De tous ces points rayonnants elle compose une lumière si vaste et si vive tout ensemble, qu'au dire de Pascal, si ces rayons nécessairement épars de la démonstration chrétienne pouvaient être condensés dans un même faisceau lumineux, de manière à être saisis par le même regard de la pensée, cette démonstration s'imposerait à nous avec la même évidence et la même clarté qu'une démonstration de géométrie.

Voilà ce que j'affirme : la démonstration positive du fait divin de la révélation consignée dans des monuments qui ne périront plus, et qui porteront à toutes les incrédulités du présent, du passé et de l'avenir d'éternels défis. Sans tenir compte des démonstrations plus anciennes, plus vastes, plus approfondies, qui font la gloire séculaire de l'apologétique chrétienne, osez seulement relire avec le pur amour de la vérité les démonstrations qui ont été faites ici même par d'illustres prédécesseurs ; et, dans votre âme et conscience, osez dire si c'est sans raison que nous affirmons le fait divin de la révélation ; et si, en vous demandant la foi, nous vous demandons l'abdication de la raison !

Or, que font les théologiens, les docteurs et tous les apologistes du christianisme, en montrant au flambeau de la raison et de l'histoire les bases rationnelles et historiques de la révélation divine ? Ils démontrent que Dieu, en se révélant à l'homme, a enseigné par son Verbe infaillible des vérités dont la raison ne peut avoir ni l'intuition immédiate, ni la démonstration directe ; et au nom de la raison elle-même ils demandent à toute raison, à la raison des savants comme à la raison du peuple, la croyance motivée des dogmes révélés ; tout ce qui est démontré divinement révélé ne pouvant être par aucune intelligence rationnellement nié. Et ceux que le malheur des situations a pu laisser dans l'ignorance ou le doute à l'égard des dogmes divinement révélés, ils les somment, toujours au nom de la raison, d'examiner les fondements rationnels de la révélation. Certes, vous en conviendrez, ce procédé de notre part n'a rien de despotique ; et les plus jaloux de leur indépendance peuvent bien, sans abdiquer toute philosophie, accepter cette sommation de la théologie.

Devant cette attitude si franche, si nette et si raisonnable de l'apologétique chrétienne, que font aujourd'hui nos philosophes rationalistes ? Ce qu'ils font, Messieurs ? vous voulez que je le dise ?..... Je vais sans doute grandement vous étonner, et peut-être les étonner eux-mêmes : ces fils du libre examen refusent d'examiner ; les apôtres de la discussion refusent de discuter ; et par là leur rationalisme inconséquent tombe, au point de vue pratique, dans une des plus étonnantes contradictions dont il soit fait mention dans l'histoire des contradictions.

Quoi! dites-vous, les rationalistes refuser l'examen? les philosophes écarter la discussion? vous osez bien le dire? Et pourquoi ne l'oserais-je pas, lorsque les plus célèbres en ont fait l'aveu, et que tous, en fait, en adoptent la pratique? Écoutez : « Quant à la question fondamentale sur laquelle doit rouler la discussion religieuse, c'est-à-dire la question du fait divin de la révélation et du surnaturel, je ne la touche jamais, parce que la discussion d'une telle question n'est pas scientifique; ou, pour mieux dire, parce que la science indépendante la suppose résolue. » Voilà qui a le mérite de la franchise et de la clarté. La question du fait de la révélation est supposée résolue par la philosophie indépendante : bienheureuse philosophie, qui n'a pas besoin d'examiner, parce qu'elle a pris son parti et qu'elle est sûre de son fait! Or, ce que cet homme a osé dire, tous les autres le font; tous ceux qui avec lui et comme lui marchent dans ce qu'ils nomment superbement « la grande ligne de l'esprit humain, » tombent dans la même inconséquence ; ils refusent l'examen. Sous le prétexte fort peu philosophique que la philosophie prend ses bases et son point de départ en dehors de la révélation positive, et qu'elle n'a pas à s'occuper directement des dogmes ni des mystères, ils négligent d'examiner et de discuter les bases historiques et rationnelles sur lesquelles s'appuie la certitude des dogmes et des mystères. Ils consentent à ce que des multitudes se reposent dans le « bonheur » et la « sécurité » de la foi ; mais, parce qu'il y a « des esprits qui refusent d'admettre le principe de la révélation, et qui ne peuvent croire à toutes les vérités que l'Église enseigne, » ils en récusent l'examen ; ou plutôt ils nient pratiquement l'existence de la religion divinement révélée, en parlant et en agissant comme si, en réalité la révélation n'était qu'une invention humaine et une religieuse chimère.

Ainsi, on admet comme un principe, on pose comme un axiome qui n'a pas besoin de démonstration, que la raison est dans tout ordre de connaissances *souverainement indé-*

pendante, et que quoi que ce soit ne peut ni lui imposer un joug ni lui marquer une limite. Mais l'indépendance de la raison et sa compétence illimitée à décider de tout, est précisément subordonnée à la question de la révélation positive. Si la révélation est un fait que vous ne pouvez rationnellement nier, et si cette révélation affirme des vérités certaines que votre raison ne peut ni découvrir ni comprendre par elle-même; qui ne voit que la révélation devient une limite donnée à la compétence de la raison, puisqu'elle est une apparition de la souveraineté de Dieu s'imposant à la dépendance humaine? Donc, déclarer antérieurement à toute discussion que la raison humaine a un droit d'examen illimité et absolu, ce n'est pas seulement jeter la philosophie sur une hypothèse et une contradiction; c'est pratiquement l'enfermer, avec les philosophes qui l'embrassent, dans un cercle dont elle ne peut sortir que par la discussion des bases rationnelles de la révélation.

O faiblesse, ô contradiction, ô honte de l'esprit humain! Quoi! des hommes parlent, écrivent, enseignent toute leur vie au milieu des peuples chrétiens, supposant pratiquement à leur pensée personnelle une indépendance qu'il fallait démontrer; *libres penseurs*, ils usent sans limite de la liberté de penser et de dire que les dogmes chrétiens ne sont que des symboles, qui doivent tomber devant l'intuition philosophique, que toutes les vérités enseignées par l'Église ne sont pas admissibles à la raison, et que ses mystères en particulier sont contradictoires à la raison ! Tel est le droit que ces hommes se sont adjugé eux-mêmes au nom de la raison déclarée souveraine. Mais l'Église parle-t-elle au nom de Dieu ? et dès lors sommes-nous obligés d'admettre, même sans intuition immédiate et sans compréhension directe, ce qu'enseigne l'Église ? Telle est la question magistrale que le philosophe face à face avec le théologien devrait tout d'abord essayer de résoudre. Or, quand ces oracles illustres de la raison se sont-ils fait cette question, que leur posait la plus simple et la plus vulgaire raison ? Jamais. Non, ces philosophes ne se sont pas posé cette question; et si un jour ils l'ont rencontrée sur leur route, ils ont passé sans la résoudre; et en attendant une solution qui ne se présente qu'à celui qui la veut sincèrement trouver, ils ont continué de parler, d'écrire et d'enseigner absolument comme s'il était certain que Jésus-Christ n'est pas Dieu, que l'Église n'est pas divine, et comme s'ils n'avaient à compter ni avec la parole de Jésus-Christ ni avec l'enseignement de l'Église. Certes, si ce n'est pas là de l'inconséquence et de la contradiction, je me demande ce que c'est que la contradiction et l'inconséquence.

Philosophes, écoutez : la vérité a son heure de légitimes représailles contre les injustes accusations dont vous l'avez poursuivie, si ce n'est accablée. Un jour vous vous êtes faits nos accusateurs au tribunal de la raison populaire ; vous nous disiez : « Vous voulez nous imposer la foi ; vous nous défendez l'examen. » L'heure est venue où l'accusation se retourne contre les accusateurs. A nous aujourd'hui de vous dire : Accusateurs, passez au banc des accusés !... Vous nous donnez comme un principe la souveraineté de la raison ; vous voulez nous l'imposer sans discussion, sans examen, comme s'impose un axiome évident ou une affirmation divine. Nous protestons au nom de la raison contre ce despotisme de votre raison : nous voulons bien l'absolutisme de Dieu ; nous ne voulons pas de l'absolutisme de l'homme. Nous n'imposons la foi à personne ; nous démontrons à tous l'obligation de l'embrasser. Nous n'interdisons pas à ceux qui doutent l'examen rationnel des bases de la doctrine ; nous le demandons : et la vérité est que l'on s'obstine à nous le refuser. Dieu a élevé l'édifice de la foi dans la lumière des siècles ; il l'a posé sur des fondements que la science peut visiter ; et nous redisons aujourd'hui ce qu'un de nos frères dans la foi disait déjà au siècle dernier avec une rare éloquence devant les rationalistes de ce temps-là : « Creusez autour de ces fondements ; essayez de les ébranler ; descendez avec le flambeau de la philosophie jusqu'à cette pierre antique tant de fois rejetée par les incrédules et qui les a tous écrasés. Mais lorsque, arrivés à une certaine profondeur, vous aurez trouvé la main du Tout-Puissant, qui soutient depuis l'origine du monde ce grand et majestueux édifice toujours affermi par les orages mêmes et le torrent des années, arrêtez-vous alors et ne creusez pas jusqu'aux enfers. La

philosophie ne saurait vous mener plus loin ;
elle doit ici se voiler les yeux comme le peuple,
adorer sans voir et remettre l'homme avec confiance entre les mains de la foi (1). »

Oui, Messieurs, la raison elle-même vous le
crie : lorsque Dieu vous est apparu, portant
toute vérité par la puissance de son Verbe,
arrêtez-vous ; et, philosophes ou peuple, dites
tous en inclinant votre pensée respectueuse :
« Voici le Verbe divin, Dieu a parlé : je crois. »

Telle est, non la provocation, mais le loyal
appel que nous faisons à la raison des philosophes. A cet appel rationnel et philosophique
s'il en fut jamais, on ne répond pas ; et je vois
que les rationalistes continuent de nos jours
ce qu'ils ont fait toujours. Comme si la révélation était un fait gratuitement supposé ; comme
si notre croyance était sans motif et notre foi
sans fondements, ils s'en vont partout, selon la
remarque de saint Augustin, parlant, écrivant,
philosophant, définissant, niant ou affirmant,
dans l'indépendance absolue de leur raison supposée souveraine ; et cela, alors que depuis dix-

---

(1) Discours du Père Guénard.

huit siècles, avec tous les philosophes, tous les docteurs, tous les théologiens qu'a produits la doctrine du Verbe incarné, nous déclarons et nous démontrons que Dieu a restreint par la révélation la compétence de la raison, et a enchaîné par la souveraineté de sa pensée l'indépendance de notre pensée.

Comment expliquer dans les philosophes contemporains ce mystère de contradiction? Ah! je vais vous le dire, car il faut oser tout dire : l'homme n'aime pas ce qui le limite ; il a horreur de ce qui l'enchaîne. Comme Alexandre dans l'empire de la terre, le philosophe dans l'empire de la science ne peut souffrir qu'on lui dise : « *Nec plus ultra* : Tu n'iras pas plus loin ; » il veut être souverain, et à l'empire qu'il s'attribue il ne souffre pas de frontières. La soumission qu'on lui demande, la foi qu'on lui propose, lui apparaît comme une déchéance de sa raison et comme une diminution de lui-même ; et il maudit une alliance qui semble le déposséder à ses propres yeux.

Eh bien, Messieurs, laissez-moi vous le dire, cet amoindrissement de l'esprit humain par sa soumission à l'autorité et par son alliance avec la foi, c'est une erreur de l'esprit, ou plutôt c'est une illusion de notre orgueil. Ce qu'il faut redouter pour l'amoindrissement de l'esprit humain, ce n'est pas l'autorité qui lui impose une limite, c'est cette indépendance qui ne respecte aucune limite ; c'est cet orgueil aveugle qui menace d'emporter la raison sans règle et sans mesure, comme un char hors de sa ligne, un fleuve hors de son lit, une vie hors de son atmosphère. Ah! ne craignez rien pour vos intelligences de votre légitime dépendance. Si l'Église vous demande comme condition de l'alliance entre la raison et la foi la soumission à son autorité, c'est pour vous mieux faire croître dans la vérité ; c'est pour vous donner par cette soumission un affranchissement généreux et une liberté féconde, qui agrandit l'intelligence et devient le ressort de ses plus magnifiques progrès.

II

Nous venons de voir à quoi se réduit ce principe générateur du rationalisme, l'indépendance absolue de la raison personnelle : il est théoriquement le démenti donné à la raison ; il est pratiquement dans les philosophes qui l'invoquent l'inconséquence même ; c'est un déni de raisonnement et un refus de discussion. Examinons maintenant quels sont, par rapport au progrès intellectuel, les résultats de la soumission raisonnable de l'intelligence humaine à l'autorité divine.

Evidemment, Messieurs, le rationalisme ici joue sur une équivoque. Il crie au despotisme ; il dénonce devant le siècle l'asservissement des intelligences. Il dit qu'on veut le faire esclave, et qu'il n'y consentira pas ; il proclame que la science est affranchie de la religion, et que la philosophie n'acceptera pas le joug de la théologie. Pourquoi ces fiers discours? Pourquoi, à propos de tout, ces perpétuels appels à l'indépendance ? Entre les rationalistes et nous de quoi s'agit-il donc ? S'agit-il de soumettre une classe d'hommes s'intitulant philosophes à une autre classe d'hommes ayant nom théologiens ? D'un côté les maîtres, de l'autre les esclaves de la pensée : est-ce là l'idéal que nous poursuivons? Pourquoi ces abus de langage et ces confusions d'idées ? Qui ne voit qu'il est question dans ce débat non de la dépendance de l'homme devant l'homme, mais de la dépendance de tous devant Dieu ? Qui ne comprend enfin que ce duel entre le rationalisme contemporain et la théologie catholique porte tout entier sur la soumission de toute intelligence humaine à l'intelligence divine ? Est-ce sérieusement que des hommes graves nous disent et nous redisent : Vous voulez nous faire captifs, nous les affranchis de la pensée; « vous demandez à l'esprit humain non pas seulement de revenir à la religion, mais de se soumettre au joug de la théologie ? C'est trop. » Oui, vous avez raison ; c'est trop, si ce que vous nommez la théologie n'est qu'un homme aspirant à dominer des hommes; c'est trop, si la théologie n'est qu'un professeur cherchant un auditoire, un docteur cherchant des disciples pour leur imposer la royauté de son génie et la domination de sa pensée ; oui, c'est trop, c'est beaucoup trop, et je vous félicite de protester contre ces docteurs despotes qui cherchent des esclaves de leur propre pensée. Le premier caractère de l'esprit, c'est l'indépendance de l'homme devant l'homme. Un homme, si grand qu'il soit, n'est qu'un homme, et je ne lui reconnaîtrai jamais le droit de gouverner ma pensée. Mais, Messieurs, seriez-vous à ce point dupes d'une méprise, d'une équivoque, d'un malentendu ou d'une volontaire ignorance? La théologie, ou plutôt la révélation, dont la théologie est l'interprète, ce n'est pas une autorité humaine, un génie humain, qui prétend au droit de vous asservir; c'est l'ensemble des idées divines révélées à l'homme par le Verbe de Dieu. Et apparemment, si vous croyez à une intelligence infinie, vous lui reconnaissez le droit de gouverner la vôtre. Etant donné que Dieu a parlé aux hommes, il s'agit de savoir si tous, philosophes ou non, ne sont pas tenus, au nom même de la raison, de se soumettre à sa parole? C'est là, et là seulement que réside entre vous et nous le suprême débat. Or, la question ainsi posée, il est manifeste que la raison, à moins de s'aveugler elle-même, exige de la part de l'intelligence humaine soumission et dépendance, dans l'ordre des vérités qu'elle ne peut connaître que par la parole de l'autorité qui en affirme l'existence et en ordonne la croyance. Oui, en ce sens, l'Eglise vous demande une soumission et une obéissance ; mais c'est l'obéissance la plus raisonnable ; c'est la soumission la plus harmonieuse. Organe constitué de la vérité révélée, l'Eglise dans cette sphère supérieure est de droit divin l'institutrice des intelligences ; à la lettre, elle est mère, *Ecclesia mater* : mère divine et humaine tout à la fois, elle fait l'éducation spirituelle de ses enfants avec une maternelle tendresse, mais aussi avec une divine autorité.

Ah ! cette divine autorité nous ne la voilons pas devant l'indépendance humaine ; cette souveraineté de la foi nous ne l'inclinons devant personne. Nous ne dissimulons rien des exigences de la doctrine que nous prêchons. Comme saint Paul, couverts des mêmes armes, armes de l'esprit non de la chair, nous venons pour renverser les remparts que l'orgueil humain oppose dans les âmes au règne du Verbe divin. Au nom de ce Verbe qui nous envoie, nous venons pour abaisser toute hauteur qui s'élève contre la science divine, réduisant en servitude toute intelligence pour la soumettre à Dieu : *in captivitatem redigentes omnem intellectum in obsequium Christi* (1).

Certes, voilà une ambition étrange, et qui a lieu de vous étonner. Quoi! je viens demander la servitude à ce qui semble par sa nature échapper à toute servitude? et je viens la demander, avec saint Paul, non dans ma force, mais dans ma faiblesse; non par l'orgueil de la puissance ou de la gloire, mais, comme lui et avec lui, par la mansuétude et la modestie de Jésus-Christ, abaissé que je me vois devant vous : *Per mansuetudinem et modestiam Christi, qui in facie quidem humilis sum inter vos?* Comment osons-nous apporter ici devant les princes de la science cette ambition que vous ne pardonneriez nulle part ailleurs? Et comment tolérez-vous vous-mêmes une parole qui proclame si hardiment devant vous sa souveraineté, et vous déclare qu'elle vient mettre en captivité même les intelligences ?... Pourquoi cette hardiesse d'un côté et cette tolérance de l'autre? Ah! c'est que ma foi me dit, et que votre raison peut vous dire à vous-mêmes, qu'en vous demandant devant la parole

(1) II Cor. x, 5.

divine une légitime dépendance, nous demandons non votre abaissement devant l'homme, mais votre grandeur devant Dieu ; et que pour vous cette servitude divine n'est que l'affranchissement de toute servitude humaine.

Prenez-y garde, en effet, Messieurs, cette doctrine qui réclame comme le droit de l'homme l'indépendance absolue de la raison personnelle, n'est autre chose que la consécration de l'égoïsme intellectuel. Or, bon gré malgré, cet égoïsme crée des tyrans et des esclaves de la pensée. Partis de l'indépendance absolue de la raison, vous tombez fatalement dans l'asservissement absolu de la raison. Vous n'avez pas accepté par votre intelligence votre légitime dépendance de Dieu : vous serez punis par où vous avez péché ; vous subirez par votre intelligence la dépendance de l'homme. Que cherchent en effet, pensez-vous, ceux qui font des systèmes et des philosophies? Ils cherchent votre pensée pour lui donner des chaînes. C'est un philosophe qui a dit parlant du philosophe : « Il n'a et ne peut avoir d'autre ambition que de régner sur les intelligences en les enchaînant à la sienne. »

C'est là pour le rationaliste qui ne s'inspire que de lui-même une sorte de plaisir divin ; parce que c'est par là que l'homme ressemble le plus à Dieu. Le monde est plein de ces maîtres qui cherchent des sujets. Ce besoin de trouver des esclaves de sa pensée est comme le besoin natif de la supériorité intellectuelle ; et dans l'homme qui ne relève pas de Dieu et ne se soumet pas lui-même à sa pensée divine, ce besoin devient impérieux jusqu'à la tyrannie, et quelquefois monstrueux jusqu'à l'extravagance.

Aussi, malheur au peuple qui, sous prétexte d'indépendance et de souveraineté se soustrait par sa pensée à l'empire de l'autorité de Dieu! Pour n'avoir pas voulu être le serviteur docile de la vérité, il sera l'esclave avili de toutes les erreurs ; son affranchissement de la pensée divine le précipitera sous le joug de la pensée humaine. Est-ce que vous ne les avez pas vus ces hommes si indépendants, alors qu'il s'agit d'accepter au nom de l'autorité la pensée souveraine et infaillible de Dieu? Moi, je les ai vus; et, je le dis sans amertume et sans colère, nulle part je n'ai rien vu de plus tristement servile et de plus honteusement abaissé devant la pensée de l'homme. O servitude ! ô dégradation humaine ! Tel homme qui frémirait de relever de l'autorité de l'Église, trouve tout simple de relever de l'autorité de son journal ! Un adage fameux régnait autrefois dans l'école : *Magister dixit* : Le maître l'a dit. Cette vieille maxime, en tant qu'elle s'appliquait à un homme, était un obstacle à la liberté légitime de l'esprit humain se déployant dans sa sphère ; et il fallut, selon le mot d'un orateur, qu'un penseur hardi osât conspirer avec son génie contre cette parole, qui semblait vouloir enchaîner l'humanité à l'intelligence d'un homme. Aujourd'hui une maxime analogue règne sur l'intelligence populaire, avec cette différence que la soumission à la pensée de l'homme n'y est plus compensée par la soumission à la parole de Dieu ; la voici telle que vous l'avez entendue sortir de l'âme du peuple dans sa spontanéité naïve : *La brochure l'a dit ; le journal l'a dit.* Oui, Messieurs, le maître qui rend d'infaillibles oracles, le docteur qui est cru sur parole par tous ceux qui ne croient plus à l'Église, le voilà : la brochure, le journal ; le journal, qui souvent n'a pu penser hier à ce qu'il écrit aujourd'hui ; le journal, qui en une heure quelquefois se fait sur le plus grave des événements, sur la plus décisive des doctrines, une idée, une opinion, un système qu'il ne quittera plus, et qu'il imposera demain à je ne sais combien d'indépendants qui estiment dans leur libre pensée ne relever de personne !

Remarquez-le bien, Messieurs, ces paroles n'en veulent ni à la liberté de la brochure, ni à la liberté du journal, elles n'accusent pas les hommes qui se font sur le peuple cette domination de la parole et du talent ; elles disent la force des choses, elles constatent un fait : la confiscation de la pensée populaire au profit de quelques-uns. Certes, j'en connais parmi vous qui sont assez sûrs de leurs doctrines et d'eux-mêmes pour ne pas accepter ce nouveau despotisme des intelligences ; ceux-là sont de ceux que la foi affranchit par la soumission à Dieu des servitudes humaines. Mais, je vous en prie, regardez autour de vous ; regardez ce peuple qui vit loin du temple, de l'Église et de Dieu ; voyez-le asservi intellectuellement à la première parole qui sait s'emparer de son intelligence, non pas toujours à force de talent et de génie, mais plus souvent encore à force de mensonges et de sophismes; et vous verrez à quel abaissement intellectuel peut conduire le règne des libres penseurs, et quelle servitude arrive à subir la raison proclamée souveraine, et comme telle à jamais affranchie de la parole de l'Église et de l'autorité de Dieu.

« Je me défie, dit avec raison un philosophe de nos jours, je me défie des hommes qui se mettent à la place de Dieu, fussent-ils hommes de génie. » On peut ajouter : surtout lorsqu'ils sont hommes de génie, et, comme tels, assez forts pour être sûrs de me pouvoir tromper, et trop faibles pour être sûrs de ne se pas tromper eux-mêmes. Voilà précisément ce que font devant le peuple les rationalistes contemporains : ils se mettent à la place de Dieu. Le génie leur fît-il défaut, ils n'en sont ni moins ambitieux ni moins despotiques; ils ont le despotisme le plus odieux de tous, le despotisme de la médiocrité. Ils réclament l'indépendance de la raison, mais pour la con-

fisquer à leur profit. Ils disent au peuple :
« Tu n'écouteras plus les prêtres ; tu n'écouteras que les philosophes, c'est-à-dire nous-mêmes. Tu n'obéiras plus à la foi enseignée par les Pères de l'Église ; tu obéiras à la raison promulguée par les apôtres du progrès, c'est-à-dire par nous. Tu seras affranchi de la domination de la théologie ; mais tu subiras le joug de la philosophie, c'est-à-dire le nôtre. Tu ne demanderas plus ce qu'il faut croire, à l'Évangile, à Jésus-Christ, à l'Église, à la Papauté ; tu le demanderas à la raison, à la nature, au siècle et à l'opinion. Nous sommes les prophètes de l'avenir et les apôtres du peuple ; à l'enseignement réputé divin et théocratique doit succéder l'enseignement humanitaire et démocratique. » En d'autres termes, à l'autorité de Dieu proclamée par la foi séculaire, doit succéder l'autorité de l'homme proclamée par le rationalisme moderne.

Ainsi, échanger la glorieuse obéissance qui soumet l'intelligence à la parole de Dieu contre la honteuse servitude qui la soumet à la parole de l'homme : voilà le résultat pratique de l'indépendance absolue de la raison proclamée par le rationalisme. Ah! vous avez beau grandir le peuple au delà de toute mesure; vous avez beau le déclarer un million de fois souverain par sa volonté, indépendant par sa pensée; bon gré malgré, il faut qu'il relève de la parole d'une autorité. Jamais ni le loisir ni la puissance ne lui seront donnés pour résoudre par lui-même les grands problèmes de la vie qui tiennent en suspens les maîtres de la pensée. Si vous l'arrachez à la légitime soumission qui soumet son intelligence à l'infaillible autorité de la parole divine, vous le livrez sans défense à la merci de tous les despotes savants et lettrés, qui sauront subjuguer son intelligence et lui imposer leur système, leur opinion, leur philosophie.

O sages de la terre! vous vous donnez pour les libérateurs du peuple, et vous lui promettez le progrès de la pensée : que faites-vous pour l'élever? que faites-vous pour l'affranchir? Pour l'élever, vous lui ôtez le couronnement de son être. Vous faites tomber avec la foi au surnaturel la part divine de sa vie; et vous lui dites : Maintenant, te voilà grand! Étrange manière, en vérité, d'élever l'humanité en lui ôtant ce sommet par lequel seul son âme touche à Dieu! Que faites-vous pour l'affranchir? Vous l'arrachez à l'autorité de Dieu; oui, mais pour le rejeter sous le despotisme de l'homme. Vous lui dites: O peuple! maintenant te voilà libre; libre de la théologie, libre de la foi, libre de l'Eglise, libre de Dieu. — Libre, dites-vous, indépendant, affranchi? — Eh! qu'importe, vous répond le peuple, si je deviens l'esclave du premier rhéteur sachant faire une phrase? et s'il faut que je tombe de l'obéissance à l'Église sous le joug du premier penseur capable de surprendre mon indépendance et d'escamoter ma liberté? Ah! puisqu'il me faut subir une autorité, plutôt l'autorité de l'Eglise et de la Papauté que l'autorité de la brochure et du journal; plutôt la règle qui vient de Dieu que la règle qui vient des hommes. Et puisque ma pensée doit relever d'une parole, oui, mille fois plutôt relever d'une parole qui se dit divine, que d'une parole qui se dit humaine.

Ah! Messieurs, le peuple a raison: cette parole ne le dégrade ni ne l'asservit; elle l'élève et l'affranchit tout ensemble. Cette dépendance docile, cette humilité virile qui donne à l'homme toute son élévation, est en même temps ce qui le rend vraiment libre : et tout ainsi que l'indépendance usurpée produit la servitude, la dépendance légitime produit la liberté.

Je le sais, l'orthodoxie qui impose une chaîne au génie, apparaît trop facilement à l'homme comme une confiscation religieuse de la liberté de son intelligence et des droits de sa raison. Hélas! nous oublions où gît le mystère de la vraie liberté; nous oublions qu'en tout ordre de choses, pour être vraiment libre il faut s'enchaîner, et que la liberté sans une règle n'est en celui qui l'embrasse que la consommation de sa propre servitude. La liberté en tout et partout n'est qu'une marche sans entraves dans la sphère légitime. La liberté du cœur, c'est la règle dans l'amour; la liberté de la volonté, c'est la règle dans l'action; la liberté de toute la vie, c'est la vie dans sa sphère et son mouvement dans le bien. La liberté de l'intelligence, la raison le proclame, c'est la pensée dans la règle; c'est son mouvement dans le vrai; et l'idéal le plus élevé de la liberté de notre intelligence est le règne complet de la vérité dans l'homme. Oui, Messieurs, la vérité, la vérité seule est la liberté de l'intelligence, parce qu'elle en est le lieu natal et la sphère légitime. Là seulement elle peut croître et s'épanouir comme une plante généreuse dans sa libre atmosphère. « Oui, dit le divin Libérateur venu pour affranchir de la servitude toute intelligence humaine, vous me connaîtrez; en me connaissant vous connaîtrez la vérité, et la vérité vous délivrera; car la vérité, c'est moi-même, moi le Verbe divin, qui ne vous retiens dans les chaînes de la vérité que pour vous arracher au despotisme de l'erreur. »

Voilà pourquoi, il faut le proclamer bien haut, il n'y a rien de si magnifiquement libre que le génie de l'homme esclave de la pensée de Dieu, et enfermé comme dans des barrières qu'il ne peut franchir entre les définitions de son Verbe infaillible. Placé entre ces grandes lignes du dogme défini, le Verbe lui laisse un champ immense, où il satisfait sans péril toute sa passion de la vérité. Comme un coursier généreux, captif et libre tout ensemble dans la carrière ouverte à son ardeur, il trouve avec le facile essor de toute son énergie une défense salutaire contre sa propre servitude ; et il dit en portant sa chaîne avec une dignité royale : Je suis la liberté. Suivez-le dans sa marche ; qu'il est grand sous son joug ! qu'il est libre dans sa chaîne ! Il marche, il vole, il s'élance comme l'aigle dans l'atmosphère vitale de la vérité à travers le champ ouvert à ses légitimes ambitions. Bien différent du génie indépendant parti de lui-même pour aboutir à lui-même, lui part de la donnée du Verbe pour explorer au loin les rivages de la vérité ; il part de la science divine pour faire reculer devant ses marches hardies, mais sûres, les limites du savoir humain. Et si dans sa course conquérante, déjà loin de la donnée divine, il voit diminuer la lumière à mesure que grandit la distance de son point de départ ; et si devant l'ombre qui approche son regard vient à s'obscurcir ; alors pour retrouver sa route et vérifier la légitimité de ses conquêtes, il a un critérium infaillible : il sait qu'une découverte de l'homme ne peut donner un démenti à l'affirmation de Dieu ; il sait que dans le sein profond de cette science divine et humaine, la lumière conduit à la lumière et la vérité répond à la vérité; et guidé par le Verbe, qui est la vérité substantielle et la lumière incréée, il connaît déjà dans sa marche lumineuse, même à travers l'ombre de la foi, quelque chose de ce ravissement qu'éprouvent les bienheureux qui marchent de clartés en clartés dans l'océan infini de la lumière et de la vérité.

Voilà la raison illuminée par la foi. Voilà le génie de l'homme transfiguré par sa soumission au Verbe de Dieu; le voilà affranchi par sa règle; le voilà tel qu'il apparut dans ces grands hommes qui brillent par leur science de la splendeur des astres au firmament de l'Église; génie le plus sûr, le plus ferme, le plus élevé, le plus étendu, le plus hardi, et, pourquoi ne le dirions-nous pas? le plus inventeur et le plus original qui apparaisse dans l'histoire de la science. J'entends dire que la règle de la foi ôte au génie de l'homme ces facultés puissantes de l'originalité et de l'invention : c'est ignorer que l'homme le plus disposé à trouver dans la nature les secrets de Dieu est celui qui touche de plus près à Dieu ; c'est ignorer que le génie religieux est plus que tout autre un génie inventeur, parce que mieux que tout autre il poursuit Dieu dans la création et reconnaît dans ses œuvres la pensée de l'ouvrier ; c'est ignorer enfin que le génie chrétien est le plus naturellement original, parce qu'il développe dans la loi divine toute la puissance et toute l'énergie de l'homme. L'originalité hors de la règle n'est que l'excentricité ; c'est le génie hors de sa sphère. L'originalité ne consiste pas dans la liberté de quitter le vrai : elle consiste à y ouvrir soi-même son sillon et à y laisser en passant la forme propre de son génie ; et l'homme le plus réellement original dans le sens légitime de ce mot, c'est celui qui pense, parle et agit le plus par lui-même, dans les données de la pensée, de la parole et de la loi divine.

Aussi, chose remarquable, parmi les penseurs et les écrivains qui ont conquis dans le domaine des lettres, de la science et de la philosophie, le rare et difficile honneur de l'originalité et de l'invention, les premiers et les plus illustres sont des chrétiens. Depuis la naissance du christianisme qui a rendu au génie de l'homme ses plus grands attributs, connaissez-vous beaucoup de penseurs et d'écrivains plus originaux et plus créateurs que saint Augustin, que saint Anselme, que saint Thomas d'Aquin, que Bossuet, que Fénelon, que Pascal, que Mallebranche, que Descartes, que Newton, que Kepler, que Leibnitz, qu'Euler? Parmi ces grands hommes, que je suis bien loin de mettre sur la même ligne, mais qui tous ont quelque chose qui dépasse la commune mesure, combien se sont donnés comme de libres penseurs? Aucun. Combien ont proclamé ce principe dont on voudrait faire de notre temps le ressort de la science et le levier de l'esprit humain, *l'indépendance absolue de la raison?* Aucun. Tous ces hommes qui demeureront, quoi qu'il arrive, de grandes figures dans l'histoire de la pensée, ces hommes dont l'originalité s'est déployée dans l'élévation, l'ampleur et la liberté de l'intelligence, tous en des mesures diverses ont été et se sont proclamés *chrétiens*; comme tels ils ont accepté le joug et la chaîne qu'impose au génie de l'homme l'autorité de Dieu; ils ont attesté par des œuvres dont nous

admirons la beauté et par des inventions
dont nous recueillons le bénéfice, ce que
peut pour le progrès de l'esprit humain l'alliance féconde de la raison et de la foi, de la
science et de la religion. Et ceux qui parmi
eux ont joint à la gloire de la science l'auréole
de la sainteté, ceux-là surtout ont montré au
monde ce que le christianisme seul a pu réaliser sur la terre : la sublime enfance du génie !
Sublimes comme des anges, simples comme
des enfants, ils ont trouvé dans leur soumission
docile à la pensée de Dieu la liberté de leur
intelligence, et ils ont attesté par la grandeur
et l'originalité de leurs œuvres la puissance
de leur génie fécondé par la foi.

A la bonne heure, dites-vous, nous le comprenons, la pensée de Dieu doit affranchir et
rehausser l'intelligence de l'homme. Mais entre
vous et nous une question demeure : Dieu a-t-il
parlé ? Et ce que vous nous donnez comme la
parole de Dieu, est-ce bien sa parole ? Oui, Messieurs, en effet, là pour vous doit être le débat
définitif : et j'estime que j'aurai beaucoup fait
si j'ai pu amener votre indépendance jalouse à
se poser cette question, et votre raison impar-

tiale à travailler à la résoudre. Je comprends
que sur cette question, jetés comme vous l'êtes
au milieu des négations et des scepticismes du
siècle, vous puissiez avoir un doute. Moi, je
n'en ai pas; des millions d'intelligences n'en
ont pas : nous sommes sur ce point la plus vaste
et la plus permanente affirmation que l'on ait
jamais vue. Mais si nous affirmons, vous doutez. Eh bien, faites le serment d'examiner.
Dites-vous : Oui, si je reconnais que Dieu a
parlé, s'il m'est manifeste que la révélation est
un fait rationnellement irrécusable, la soumission de ma pensée est prête : car ma raison
me dit que l'infini sait plus que le fini, et que
le Verbe de Dieu a le droit absolu de gouverner
la pensée de l'homme. Faites cela, Messieurs,
et vous viendrez à la lumière, à la pleine et à la
grande lumière des enfants de Dieu. Ambitieux
que vous êtes de tant de découvertes, si vous
faites sur ce point un examen impartial et désintéressé, je vous défie de ne pas arriver prochainement à la découverte de ce grand fait,
le plus grand de tous les faits : à savoir que
Dieu a parlé aux hommes, et que la connaissance complète est l'affirmation de tout ce

que l'homme peut connaître par lui-même, agrandi de tout ce que Dieu veut enseigner à l'homme. Alors vous aurez la grande et unique solution de la question qui nous occupe. Vous comprendrez qu'en se soumettant à l'autorité de la révélation, l'homme n'abdique ni sa raison ni sa liberté ; mais que la soumission à la pensée de Dieu est le véritable affranchissement de l'esprit humain par le Verbe libérateur.

QUATRIÈME CONFÉRENCE.

QUATRIÈME CONFÉRENCE.

LE PROGRÈS INTELLECTUEL

ET LE DOGME IMMUABLE.

Éminence,

L'obstacle souverain à l'harmonie de la raison et de la foi, et par suite au vrai progrès des intelligences, c'est l'orgueil de la raison s'exaltant elle-même jusqu'à se proclamer en tout ordre de choses la seule règle et la seule autorité, en un mot l'indépendance absolue de la raison personnelle. Cette formule nous est donnée comme l'expression de la plus haute philosophie; et c'est cette indépendance même de la raison qu'on veut nous faire accepter comme l'affranchissement de l'esprit humain et comme le principe efficace de son agrandissement.

Nous avons démontré que l'indépendance absolue de la raison personnelle ne constitue pas un principe philosophique; qu'elle est en théorie la contradiction, et en pratique l'inconséquence philosophique à la plus haute puissance. L'indépendance absolue de la raison théoriquement est niée par la raison, et pratiquement elle se ment à elle-même. Nous avons ajouté que cette indépendance, bien loin d'affranchir et d'élever l'esprit humain, en consacre la servitude et l'humiliation; tandis que la légitime soumission de l'intelligence humaine à l'autorité divine en constitue la liberté et lui donne toute sa grandeur.

Messieurs, si vous m'avez bien compris, le mal de vos intelligences est pour vous frappé dans son fond; il est coupé par sa racine : car l'indépendance absolue de la raison dont nous sommes si fiers, c'est tout le mal des esprits, c'est le poison qui tue la vraie science, c'est le virus intellectuel de notre temps; c'est le germe même du rationalisme, c'est son essence, c'est sa définition, c'est lui-même tout entier. Nous pourrions donc, ce semble, nous arrêter là.

Mais un autre préjugé ici encore s'oppose au progrès de l'intelligence par l'union de la raison et de la foi. Ce préjugé, je pourrais, comme le précédent, vous le montrer dans des livres et des discours célèbres de notre époque; je me contente de vous le peindre dans un fait en lui-même d'une assez médiocre importance. Un auteur entrait dans le cabinet d'un homme fort occupé à l'exploitation des opinions, pour ne pas dire des erreurs. L'auteur avait à la main un écrit intitulé : *Essai sur le Progrès*. Il venait demander le souffle pour son idée et une ouverture pour son talent jusqu'alors incompris. « Essai sur le Progrès, essai sur le Progrès! fort bien; mais comment l'entendez-vous? — Je l'entends comme le christianisme; je l'entends comme l'Église. — Oh! alors, il faut retourner votre titre; car c'est exactement le contraire qui est la vérité : la philosophie moderne le démontre chaque jour davantage. — Je ne comprends pas; daignez vous expliquer. — Eh quoi! vous ne comprenez pas que le dogme catholique est essentiellement immuable, et que là où se trouve l'immuable le Progrès ne peut pas être? — Comment donc se fait-il qu'un prédicateur catholique prêche à Notre-Dame le Progrès par le christianisme? — Ce que vous dites là est impossible; je défie un prédicateur d'oser porter ce sujet dans une chaire chrétienne. » Fort bien retranché dans son cabinet contre les bruits du temple, cet homme ignorait cette particularité; il ne s'occupait pas de ce détail : la question du progrès intellectuel par le dogme catholique était devant sa raison jugée sans appel. La pensée d'un seul homme de lettres résume ici la pensée de tout un monde de lettrés. Le Progrès, disent-ils, exclut l'immuable; il est par essence le changement universel. Donc le dogme immuable, c'est l'immobilité de l'esprit humain; c'est la pétrification de la pensée; c'est la mort des intelligences. Tel est le préjugé à peu près universel; et il est peu de penseurs parmi vous qui n'en aient plus ou moins subi le despotisme. Je ne reculerai pas devant ce préjugé si puissant sur les hommes de ce siècle, et partout si enraciné dans les intelligences contemporaines. Appuyé sur la raison, la nature et la foi tout ensemble, je vais montrer que l'immuable et le permanent sont de l'essence du Progrès; et que dans le christianisme l'immutabilité du dogme est en parfaite harmonie avec le progrès de la doctrine.

I

Messieurs, avant de vous dire comment dans la doctrine catholique l'immutabilité du dogme se concilie avec le progrès de l'intelligence, il faut vous rappeler une notion générale du Progrès en tout ordre de choses. Il y a au progrès de l'esprit humain, comme à tout autre progrès, une condition absolument nécessaire, et qu'oublient trop facilement ceux qui prononcent ce mot. Cette condition la voici : union du mouvement et de la stabilité. Supprimez le mouvement, vous avez une stabilité morte, c'est-à-dire l'immobilité. Supprimez la stabilité, vous avez le mouvement sans règle, c'est-à-dire le désordre. Ni la stabilité sans le mouvement, ni le mouvement sans la stabilité ne produisent rien de beau, de fécond, de progressif. Toute beauté, toute fécondité, tout progrès dépend du concours harmonieux de l'un et de l'autre. Tout ce qui dans son mouvement ne renferme pas un élément de stabilité et d'immutabilité, est condamné à la laideur, au désordre et à la stérilité; tout ce qui se meut sans un point fixe marche à la décadence ou à la mort. Le Progrès et la vie c'est le mouvement selon des lois stables.

Cette vérité étant dans ce sujet une vérité capitale, je dois, pour ceux qui n'y ont jamais réfléchi, l'environner de toute son évidence. Parcourez de haut en bas toutes les sphères où la science porte ses investigations, remontez de bas en haut toutes les sphères où l'être et la vie se déploient; partout et en tout, même dans le monde des contingents, vous rencontrerez la stabilité avec le mouvement; et partout avec eux la vie harmonieuse, grandissante, et féconde.

Et d'abord, au centre et au principe de tout, il y a Celui qui renferme en son essence un mouvement infini dans une infinie stabilité: il y a Dieu, l'immutabilité vivante et substantielle; Dieu, le support de toute stabilité et la cause de tout mouvement; Dieu, le lieu des essences immuables qui constituent le monde intelligible, et le créateur des lois permanentes qui gouvernent les êtres changeants. Voilà pourquoi tout ce qui s'attaque à l'immuable et à l'absolu arrive bientôt à s'attaquer à Dieu. Quand l'orgueil, pour échapper à toute entrave, a renversé dans une âme la statue du Dieu vivant, pour y élever à sa place ce faux dieu qui est l'homme lui-même; alors rien d'immuable et d'absolu ne peut plus subsister; il n'y a plus que le variable et le relatif; et l'homme s'exalte dans ce monde de phénomènes et de fantaisie, où plus rien d'absolu n'enchaîne son orgueil. Mais il a beau faire, l'immuable et le permanent qu'il a voulu anéantir avec Dieu, il les rencontre partout comme le reflet du Créateur à travers la création; dans le domaine de la science qui marche comme dans le domaine de la vie qui se meut, ils lui apparaissent comme la souveraine condition de tout progrès.

Et d'abord, au plus haut sommet des sciences humaines, il y a la science magistrale, la mère et la maîtresse de toutes les sciences, parce que, dans un sens, elle touche à tout : la métaphysique. Or qu'est-ce que la métaphysique, si ce n'est la science des êtres et de leurs rapports nécessaires, c'est-à-dire la science même de l'immuable et de l'absolu ? Supprimez l'immuable : la métaphysique périt non-seulement dans son principe, elle périt dans son objet.

Qu'y a-t-il de plus immuable et de plus absolu aussi, dans leurs bases et leurs principes, que ces sciences mathématiques qui se meuvent dans la sphère de l'abstraction ? Quoi de plus implacable au point de vue du changement que ce qu'on appelle la géométrie ? Est-ce que l'immuable et l'absolu ne sont pas toute sa puissance ? Qui a jamais imaginé que la fixité de ses principes entrave la marche de ses progrès, et que l'absolutisme de ses axiomes enchaîne la liberté de ses découvertes ? Que serait une géométrie qui aspirerait à transformer ses bases et à perfectionner ses axiomes ?

Et la logique, Messieurs, que deviendrait la logique, si l'intelligence se reniant elle-même venait à détruire l'immutabilité de ses principes? Qu'adviendrait-il du raisonnement humain, si le génie moderne, pour échapper à ce qu'il appelle la tyrannie de l'absolu, essayait de renverser dans ses bases cette immuable législation du syllogisme formulée par Aristote, et aujourd'hui encore aussi invariable et aussi absolue par son fond qu'il y a trois mille ans? Qui n'accueillerait par un immense éclat de rire le philosophe qui, sous prétexte de perfectionner la logique, viendrait proposer à l'Académie la révision des lois syllogistiques? Ne serait-ce pas prétendre perfectionner l'esprit humain par le déracinement de l'esprit humain?

Et la morale, j'entends la vraie et antique morale qui depuis six mille ans gouverne l'âme humaine, comment se soutient-elle, si ce n'est en s'appuyant sur le granit des vérités immuables? Comment incline-t-elle partout et toujours devant sa royauté inviolable la liberté et la conscience, si ce n'est parce que la conscience et la liberté reconnaissent en elle la souveraineté tout à la fois la plus légitime et la plus absolue? Mettre le progrès de la morale dans le changement des principes qui portent l'ordre moral, est-ce autre chose en réalité que supprimer la morale? Et quiconque osa le premier parler de morale nouvelle et de droit nouveau, n'a-t-il pas démontré même aux moins clairvoyants qu'il ne croyait ni au droit ni à la morale? n'a-t-il pas dit à qui veut entendre qu'il ne reconnaissait d'autre droit que sa force et d'autre morale que ses passions?

Prenez, en un mot, une science quelconque, science métaphysique ou science morale, science expérimentale s'appuyant sur des faits, science de l'intelligible pur s'appuyant sur les idées, ou science formée de l'un et de l'autre : est-ce que jamais elle arrive à mériter la gloire de son nom, avant d'avoir reconnu des principes dont l'immutabilité vient de l'essence des choses, ou des lois dont la permanence vient de la volonté du Créateur? Est-ce qu'elle ne demeure pas tout entière à l'état d'hypothèse et de probabilité, jusqu'à ce qu'elle ait marqué ses bases d'un signe de l'immuable et d'un reflet de l'absolu?

Qu'est-ce que la science philosophique, si elle

doit être occupée jusqu'à la fin du monde à chercher ses premiers fondements, et si elle est condamnée à marcher toujours sans arriver jamais à fixer ses principes? Qu'est-ce que la science médicale, tant qu'elle n'a pas de données sûres, si ce n'est la conjecture contrôlée par l'expérience, une science qui aspire à marcher et cherche son point de départ? Qu'est-ce que la science physiologique, tant qu'elle n'aura pas dégagé de toute obscurité certaines lois organiques dont l'évidence porte une lumière croissante dans tous les abîmes de l'homme? Qu'est-ce que la science géologique, malgré ses prodigieuses explorations, jusqu'à ce qu'elle ait tiré des régions de l'hypothèse certaines données qui s'imposent avec l'empire de la certitude, et lui permettent d'asseoir enfin sur la pierre ferme un édifice où la science soit partout et la conjecture nulle part? Que serait la physique, sans contredit l'une des sciences les plus progressives des temps modernes, si elle n'était arrivée à mettre dans le plein jour des faits perpétuellement et universellement reconnus, quelques lois qui atteignent tous les corps, et dont les effets se diversifient selon la diversité des corps? Que serait-elle devant la raison, si ce n'est un assemblage de phénomènes sans lois, un édifice sans point d'appui? Et que serait devenue jusqu'à la fin des siècles l'astronomie elle-même la plus grandiose des sciences naturelles, si Dieu n'avait livré à des génies heureux quelques-uns de ces secrets qui découvrent aujourd'hui à notre pensée les merveilles des mondes et des soleils? Pourquoi la science astronomique peut-elle aujourd'hui suivre aux abîmes les plus lointains de l'espace la marche de tous les globes qui font l'harmonie du monde sidéral? Pourquoi peut-elle tracer de son doigt au plus profond des cieux la ligne précise de leur orbite? Pourquoi peut-elle marquer avec une certitude que les faits semblent ne pouvoir plus tromper, leur apparition et leur disparition, si ce n'est parce qu'un jour Dieu lui a donné de rencontrer sous son regard, sans même qu'elle y eût songé, la loi générale qui lui laisse voir tant de mondes jusqu'alors dispersés et comme perdus dans la nuit de l'immensité, rassemblés aujourd'hui dans la splendeur de l'unité?

Qu'est-ce enfin qu'une science quelconque, si ce n'est l'esprit humain marchant entre des lignes immuables à la découverte de la vérité et à l'expansion de la connaissance? Qui ne comprend que le progrès, le vrai progrès scientifique, en quelque sphère que ce soit, ne se compte qu'à partir de ses données certaines, et qu'attaquer systématiquement l'immuable, l'absolu, l'invariable, c'est couper toute science par sa base et ouvrir la porte au scepticisme universel? Si l'absolu ne se soutient, comment la certitude subsistera-t-elle? Suivez dans l'histoire de l'esprit humain les vestiges qu'ont laissés dans la science en général, et en particulier dans la philosophie, ces penseurs insolents qui se plaisaient à renfermer la science dans la région du variable et du relatif : vous verrez que toujours ils ont été suivis par d'autres penseurs plus insolents encore, qui, sous le nom de sceptiques, ont mis en doute à la fois le variable et l'invariable, le relatif et l'absolu. Quels que soient les noms qui marquent cette marche logique de l'erreur, partout on en suit la trace visible, et je me contente de signaler en passant ce phénomène vraiment remarquable dans l'histoire de la pensée.

Ainsi, la science nous apparaît partout la même dans son essence : un mouvement dans la stabilité, une marche dans l'immuable. Je n'en suis pas étonné : le progrès de la science ressemble au progrès de la vie ; elle est la vie elle-même s'attestant par le mouvement. Or, la vie à tous les degrés et dans toutes les sphères de la création se produit avec la même condition de développement et de croissance : mouvement dans la stabilité, marche progressive dans des lois permanentes.

Regardez au dernier degré de l'être, au-dessous même de la vie organisée. Là, dans le monde minéral, la nature façonne mystérieusement ses agrégations, ses couches, ses cristaux, avec des figures infiniment diverses et des formes infiniment variées. Mais comment s'élaborent et se coordonnent ces merveilles visibles ou cachées du monde minéral? sous l'action continue de certaines forces d'une admirable permanence et d'une prodigieuse stabilité : et vous ne savez ce qu'il faut le plus admirer, ou la multiplicité et la variété de ces architectures séculaires qui ne portent pas le signe de la main de l'homme, où l'unité et la stabilité de leurs lois, où se trahit jusque dans les caprices de la nature la main du divin Architecte.

Plus haut que le monde minéral, mais y tenant par ses racines, voyez le monde végétal, monde des arbres, des plantes et des fleurs. Là, la vie est riche, féconde, multiple et indéfiniment variée dans les spectacles visibles de sa beauté et dans les mystères cachés de ses générations et de ses évolutions. Mais partout la reproduction et les développements de la vie sont soumis à des lois stables. Un grain est astreint par sa loi à se multiplier dans son espèce, mais dans son espèce seulement. Là, jamais le lis ne deviendra la rose, ni le saule ne deviendra le chêne, ni l'orme le palmier. Là, il y a une loi de mouvement qui fait la variété et la multiplicité; mais aussi une loi de permanence qui y maintient l'unité, l'ordre et la beauté. Chaque plante mise dans les conditions de toute végétation se reproduit elle-même hors d'elle-même, mais en demeurant dans son espèce. C'est la loi qui fut posée par le Créateur et qui continue de gouverner la création : l'homme ne la changera pas.

Le monde végétal supporte et soutient au-dessus de lui un monde supérieur, comme il est lui-même soutenu par un monde inférieur : c'est le monde animal. Là surtout l'homme a essayé contre l'immuable sa force toujours perdue et toujours convaincue d'impuissance à réformer l'œuvre de Dieu. Un jour, pour faire mentir la Bible et par horreur pour l'immuable, l'homme entreprit de nier dans la distinction des espèces la loi de permanence. A entendre ces créateurs nouveaux, comme la race compénétrait la race, l'espèce se transformait dans l'espèce. Dans cette nouvelle législation du monde animal, nous avions pour ascendants les plus proches le singe et l'orang-outang, et pour aïeux primitifs je ne sais quel bipède ou quel quadrupède né, il y a je ne sais combien de millions de siècles, aux confins extrêmes du monde animal. Cette négation de la stabilité et de la permanence dans la reproduction des races et des espèces animales était donnée comme la loi universelle du Progrès. Pour mieux manifester cette loi des générations spontanées et des transformations progressives, l'art et la science essayaient en vain de faire violence à la nature. La nature, outragée dans ses lois, se vengeait par la stérilité; et la science elle-même se confondait par ses inventions. Le génie de l'homme revit partout se dresser devant lui cette loi de permanence qui préside à l'harmonie du monde animal; et il fut révélé même aux plus aveugles que nier la loi fixe dans le mouvement de la vie, ce n'était pas seulement en effacer la beauté, mais que c'était en tarir la fécondité; c'était mentir à la vie pour expliquer la vie, et au nom de la science anéantir la science.

Et maintenant, vous dirai-je, montez encore plus haut. Voici l'homme; l'homme, *animal raisonnable*; l'homme par son être inférieur se rattachant à ces trois mondes qu'il résume en lui, et par son être supérieur montant vers l'infini. Comme animal, il subit les lois stables des trois mondes qui le précèdent et sur lesquels il s'appuie. Mais c'est comme être raisonnable par-dessus tout que l'homme est soumis non-seulement à la stabilité, mais à l'immuable et à l'absolu : là est la gloire et la puissance de la raison. La raison est astreinte à l'empire de certaines vérités qui gouvernent les esprits : j'entends ces vérités éternelles, fixes et absolument immuables qui composent le sens commun, et sont comme les colonnes d'Hercule de toute raison qui veut vivre et grandir dans la vie. L'homme qui à force d'orgueil entreprend de franchir ses limites et de quitter sa sphère, en est châtié par la folie ; « la folie, a dit un orateur, la seule porte ouverte pour sortir de la raison. » Par là s'échappent les esprits superbes qui s'acharnent à renverser leurs frontières : l'orgueil montant de leur cœur jusqu'à leur tête y porte le vertige, et ils s'en vont hors de leur centre rouler dans l'extravagance et l'excentricité.

Il en est ainsi : l'homme, comme être intelligent et raisonnable, se meut dans l'immuable ; il vit de l'absolu ; et la négation de l'absolu et de l'immuable par la raison est la négation de la raison elle-même par elle-même. Là est la grande ligne qui sépare éternellement le monde matériel et animal du monde spirituel et intelligent : l'animal ne peut ni exprimer ni concevoir l'absolu ; tout être intelligent le voit et l'affirme nécessairement. L'intelligence, par cela seul qu'elle vit, voit l'immuable et l'affirme ; elle voit le parfait et l'affirme ; elle voit l'absolu et l'affirme ; et non-seulement elle le voit et l'affirme : elle lui est unie par un indissoluble hymen. C'est ce mariage sacré de l'intelligence avec l'intelligible qui constitue en acte l'être intelligent proprement dit ; et c'est une des grandes raisons pour lesquelles l'intelligence une fois créée ne peut plus mourir. Ce n'est pas le lieu de nous plonger plus avant dans ces primitives clartés de la lumière métaphysique ; mais il était bon de constater en passant que ces grands parleurs de métaphysique et de philosophie oublient souvent d'apprendre le premier mot de toute métaphysique et de toute philosophie, et, à force de s'exalter dans l'orgueil de leur raison, aboutissent finalement à la folie et à la déraison.

Aussi, je vous l'avoue, Messieurs, je ne sache pas de signe plus effrayant de la folie humaine parmi nous que l'apparition de ces prédications insensées qui, au nom de la raison et de l'intelligence, demandent la destruction des fondements de toute raison et de toute intelligence ! Je ne sais si la postérité pourra croire à l'aberration intellectuelle que je vais signaler : cet excès d'audace et de folie la trouvera peut-être incrédule. Mais vous, Messieurs, il faut bien que vous me croyiez, lorsque je vous signale ce phénomène monstrueux qui s'est produit dans le bruit du siècle et dans l'éclat de la publicité. Comme nous et avec nous vous les avez vus passer, comme nous et avec nous vous les avez entendus parler ces génies pris du vin de leur orgueil, selon le mot de l'Écriture : insulteurs publics du sens commun, qui dans leur horreur pour l'immuable sont venus crier au XIX° siècle, en pleine civilisation et en plein christianisme, que la mutabilité continue et le changement universel constitue la loi souveraine du Progrès en tout ordre de choses. « Oui, disent-ils, le Progrès, c'est l'affirmation du mouvement universel; c'est la négation de toute forme et de toute formule immuable, de toute doctrine d'éternité, d'immutabilité, d'inamovibilité et de tout ordre permanent. L'absolu, au contraire, est l'affirmation de tout ce que nie le Progrès : c'est dans la nature, la société, la morale et la religion la recherche de l'immuable, du parfait, du définitif; c'est en tout et partout la loi du *statu quo*.»

Certes, voilà bien la négation radicale de l'absolu et de l'immuable dans toutes les sphères. Je le sais, Messieurs, tous ceux qui lèvent ici contre la permanence et l'immutabilité le drapeau du Progrès n'arrivent pas à cet excès d'audace ; tous n'entreprennent pas d'illustrer leur nom par la célébrité du paradoxe et par la négation insolente de tout ce que l'humanité affirme. Mais le monde contemporain est plein de complicités plus ou moins avouées avec ces démolisseurs deux fois impies de tout ordre moral et de tout ordre religieux. Ce n'est pas un homme seulement, ce sont des multitudes d'hommes qui, sous des formules plus ou moins agressives, font la guerre à l'immuable. A les entendre, l'immuable n'est que l'immobile. Vouloir le reconnaître sur notre chemin, c'est enrayer à tout jamais le char du Progrès, char toujours roulant qui de changement en changement emporte l'humanité à travers le variable vers les horizons de son avenir. Ils ne conçoivent que la vérité relative, la vérité mobile, la vérité changeante. Rien dans les choses d'absolument vrai ; rien dans les choses d'absolument faux. Le critérium pour distinguer l'un de l'autre n'est que le point de vue où l'humanité se pose pour juger. Et parce que la marche de l'humanité change perpétuellement ses points de vue, il en résulte que le vrai et le faux ne sont pour elle, comme ses propres mouvements, que des relations toujours nouvelles et perpétuellement changeantes. Ainsi ils font de l'humanité une magicienne qui s'illusionne elle-même à volonté, et transforme la notion des choses au gré de ses besoins ; et ce sont ces transformations elles-mêmes qui font le Progrès humain ; le dernier point de vue étant toujours le meilleur et la dernière forme toujours la plus parfaite. Quant à ce qui est vrai éternellement et universellement, vrai sous tous les rapports, vrai sous toutes les faces et à toutes les époques, ils ne le peuvent supporter, même en religion, et surtout en religion. Ils ne veulent que des religions qui se laissent manier et des dogmes qui se laissent fléchir. Il sentent que le dogme immuable ne peut relever d'eux, et ils l'abhorrent. Leur orgueil est monté jusque-là. Ils ne veulent que de la vérité qu'ils façonnent à leur gré; ils veulent en être les maîtres; ils ne peuvent accepter aucune suprématie, pas même celle des principes. L'absolu, sous quelque forme et en quelque sphère que ce soit, leur apparaît une tyrannie; l'empire de l'immuable pèse à ces géants qui se haussent à l'égal de l'infini; et ils voudraient se donner le plaisir satanique de faire et de défaire à leur gré Dieu et la vérité.

Et, chose remarquable, ces fiers penseurs qui font à l'immuable et à l'absolu une guerre de Titans, le revendiquent pour eux-mêmes. Tout peut-être faux, excepté leur doctrine; tout peut changer, excepté leur système. Le dogme et le droit changent avec le siècle; le temps les fait et défait comme il veut; et debout sur les ruines du dogme et du droit ancien, ils proclament l'immutabilité du dogme et du droit nouveau. Vous leur dites : Il y a des principes absolus qui gouvernent les âmes et sont la base de la morale; il y a des lois générales qui gouvernent tous les êtres et sont la base de la métaphysique; il y a des vérités qui soutiennent toutes les sociétés et sont la base du droit social : rien ne les arrête; ils nient l'absolu moral, l'absolu métaphysique, l'absolu social. Et ces lois de l'homme et ces rapports des êtres, et ces principes du droit, pour eux tout est variable, tout est relatif. Une seule chose est absolument vraie, c'est leur système; une seule chose est absolument invariable, c'est leur idée; une seule chose doit demeurer et régner à jamais, c'est leur philosophie.

Voulez-vous des exemples? Pour le réformateur inspiré de ce messie célèbre qui se nomma Fourier, tout est emporté par l'universelle loi du changement; tout dans les institutions, dans les sociétés, dans les religions, et jusque dans l'univers matériel lui-même doit changer et mourir. Mais il y a trois choses immuables et immortelles : le *phalanstère, l'harmonie passionnelle et le monde arômal.* Pour le disciple de cet autre messie qui se nomma Saint-Simon, et rêva lui aussi la transformation universelle, tout doit changer dans les croyances et les dogmes, oui, tout ; excepté ces trois dogmes qui doivent demeurer à jamais comme les trois colonnes granitiques de la science nouvelle : *l'égalité du souverain et du sujet; l'égalité de l'homme et de la femme; l'égalité de l'esprit et de la chair.* Enfin, pour le disciple d'un troisième messie (car nous en avons indéfiniment), dont le cerveau encore plus échauffé que celui des deux autres entreprit la refonte de l'esprit humain et fit à l'absolu une opposition vraiment maniaque, pour le positiviste enfin, tout change, tout est essentiellement variable, excepté deux choses qui ne changeront plus et qui sont le dernier mot de la science régénérée. Or, voulez-vous savoir quelles sont ces deux choses désormais immuables? Messieurs, ne riez pas, je vous prie; et que votre civilisation me pardonne la barbarie de ces mots dont je ne revendique pas l'invention : ces deux choses qui régneront à jamais et d'un règne absolu sur les ruines de l'absolu, c'est la *biologie* et la *sociologie!*

Ne demandez pas à ces démolisseurs si ardents à la destruction de retrancher quelqu'un de ces dogmes inventés hier, et dont le genre humain s'est fort bien passé depuis six mille ans : ils n'y peuvent consentir; ils vous répondront que la vérité une fois trouvée par le génie ne peut plus disparaître; que le dogme régénérateur une fois révélé ne peut plus reculer. Toutes les intelligences doivent en accepter l'indestructible empire ; et malgré toutes les tentatives réactionnaires et rétrogrades pour se rattacher au vieux dogme, il faudra que l'humanité entière affirme à tout jamais l'idée moderne et le dogme nouveau ; et ordre lui est donné par leur parole humaine devenue le seul Verbe révélateur de croire à leur philosophie claire comme le soleil, absolue comme la vérité, immuable comme Dieu !

Pour savoir à ne plus l'oublier jusqu'où ces hommes, si ennemis de l'immuable et de l'absolu quand il s'agit de démolir le christianisme, ont eux-mêmes la prétention à l'absolu et à l'immuable quand il s'agit de glorifier leurs idées, vous n'auriez besoin que d'une seule expérience : il suffirait que la Providence, pour châtier toutes nos erreurs, nous laissât tomber sous la main de quelqu'un de ces novateurs, amené par l'événement à échanger le rôle d'un messie réformateur ou d'un frère apostolique contre les fonctions d'un dictateur démocratique et d'un monarque absolu. Vous sauriez alors ce que c'est que l'erreur prenant la place de la vérité; surtout vous apprendriez avec effroi ce que c'est que l'homme prenant la place de Dieu. Des hommes qui avant d'arriver à leur symbole définitif ont passé par toutes les formes de l'erreur, au nom de leur souveraineté intellectuelle armée de la force matérielle, vous imposeraient le dogme de leur pensée proclamée infaillible; et vous qui chantez dans nos temples, avec la joie de la liberté, le *Credo* de la catholicité accepté par votre choix, ah! je sais bien l'humiliation que vous réserverait cette autocratie des philosophes et cet absolutisme des idéologues devenus maîtres de vos intelligences. Sous la garde d'une police armée pour organiser la religion nouvelle, vous chanteriez dans quelque temple restauré de la déesse Raison ou de la déesse Volupté, selon la nuance de la secte victorieuse, le *Credo* du fouriérisme, le *Credo* du saint-simonisme, le *Credo* du positivisme, ou le *Credo* de n'importe quel pontife devenu dictateur; *Credo* obligatoire, proclamé par la loi et imposé par des soldats, comme l'éternelle et immuable religion des peuples affranchis! Tant est profond dans tous les réformateurs modernes ce besoin de confisquer à leur profit cette puissance de l'immuable dont ils prétendent dépouiller l'Église, le christianisme, Dieu même!

Ainsi l'empire de l'immuable qu'on dénie à la vérité, nous ramène par l'erreur sous son joug inévitable; et ceux-là surtout qui l'attaquent et veulent le détruire, par un retour fatal de la vérité poussant l'erreur à se mentir à elle-même, revendiquent pour eux cette puissance devant laquelle, bon gré malgré, il faut que l'humanité fléchisse. Et dès lors, Messieurs, je vous demande, lequel des deux préférez-vous, ou l'immuable du dogme humain ou l'immuable du dogme divin? ou l'absolu de l'homme ou l'absolu de Dieu? Ah! votre choix n'est pas douteux. Oui, dites-vous, plutôt la pensée irréformable de Dieu proclamée par l'Église que la pensée irréformable de l'homme proclamée par le rationalisme. L'immuable dans la pensée de l'homme c'est l'immobilité dans l'erreur; l'immuable dans la pensée de Dieu c'est le progrès dans la vérité.

Vous avez raison, Messieurs; vous allez

voir qu'en effet le progrès de l'homme ne se réalise jamais mieux que quand il accepte pour guide de sa pensée l'immuable divin, et que la doctrine catholique est la plus magnifique conciliation du progrès intellectuel et de l'immutabilité doctrinale.

II

Et d'abord, ce qu'il faut ici bien entendre et reconnaître avant tout, c'est que le catholicisme professe le dogme immuable, et que cette immutabilité de la doctrine définie est dans l'Église de Jésus-Christ aussi rigoureuse que possible. Les ennemis eux-mêmes rendent ici témoignage à la vérité. Plus d'une fois nous les avons surpris se faisant d'un point de la doctrine catholique une arme déloyale pour mieux en attaquer un autre; et aujourd'hui même, quand nous les supplions de respecter les droits d'une institution nécessaire à la pleine indépendance de l'Église, ils savent nous répondre en hommes convaincus de l'immutabilité du dogme : « Mais cette institution peut changer, car ce n'est pas un dogme; mais cette royauté peut se modifier, car ce n'est pas un dogme ; mais ce domaine peut se supprimer, car ce n'est pas un dogme. » Ainsi, ceux mêmes qui s'appuient sur l'immuable pour nous demander le changement, professent qu'au point de vue catholique tout ce qui est reconnu dogmatique doit être proclamé immuable. C'est assurément fort gracieux de la part de ceux qui ne croient guère plus à l'immutabilité du dogme qu'ils prétendent respecter, qu'à l'immutabilité de l'institution qu'ils prétendent détruire : catholiques nouveaux, qui, pour sauver l'Église menacée d'un nouveau danger, sauraient lui demander de sacrifier aux exigences du siècle l'immutabilité du dogme et l'indépendance de l'institution, et à l'heure venue feraient au nom de la civilisation moderne bon marché de l'une et de l'autre.

Quoi qu'il en soit, c'est dans l'Église catholique un point hors de tout litige, que tout ce qui est dogmatique ne peut plus changer. Le dogme immuable est le granit éternel qui porte tout l'édifice de la doctrine. C'est là ce qui vaut à l'Église des adhésions de la pensée et des attachements de cœur que n'obtient sur la terre aucune autre doctrine, ni aucune autre institution. Quand nous avons appuyé sur le dogme immuable défini par l'Église notre intelligence et notre cœur, nous nous écrions avec une profondeur de foi et d'amour dont rien ne peut donner une idée sur la terre : Je crois, et j'aime à jamais la vérité qui me vient du cœur de Dieu par la parole d'une mère. Mais c'est là aussi ce qui suscite à l'Église des répulsions sans pareilles et des haines sans exemples. L'orgueil de l'esprit humain se cabre contre cette immutabilité du dogme divin ; il en veut à cette doctrine qui, par cela seul qu'elle se déclare immuable, proclame qu'elle ne vient pas de lui.

Aussi, à toutes les époques de la vie de l'Église, surtout aux époques agitées par les grandes erreurs, les hérétiques, les schismatiques, les rationalistes et quelquefois les politiques ont conspiré contre l'immutabilité du dogme ; ils ont essayé, tantôt par leur parole, tantôt par leur plume, et tantôt par leur épée, d'entamer en quelque endroit ce diamant de la doctrine, qui use tout ce qui prétend l'user et brise tout ce qui prétend le briser.

Selon le souffle de l'événement, le courant des idées et l'ambition des hommes, ils sont venus tour à tour nous demander de changer un dogme, puis un autre, puis un autre. C'étaient des sacrifices qu'il fallait faire pour sauver le vaisseau de l'Église et la barque de Pierre. Les hérétiques un jour nous ont dit : Sacrifiez-nous seulement la trinité des personnes divines et l'unité de la personne du Christ ; supprimez la confession et l'Eucharistie. Le dogme a répondu : Non ! jamais. Les schismatiques nous ont dit : Retranchez au moins de votre doctrine les deux seuls points qui nous séparent de vous : la souveraineté pontificale et l'infaillibilité de l'Église catholique, et nous sommes avec vous. Le dogme a répondu : Non ! jamais. Les rationalistes ont dit : Pour le salut de la religion, nous vous en supplions, ôtez de votre symbole ces deux dogmes à jamais condamnés par l'esprit moderne : la divinité de Jésus-Christ et l'éternité des peines ; et nous sommes croyants, chrétiens, et même catholiques. Le dogme a répondu : Non ! jamais. Enfin, aujourd'hui le génie de l'erreur va plus loin dans son antagonisme avec le dogme immuable ; il nous dit : Avec le droit nouveau proclamez le dogme nouveau ; le siècle le demande et le progrès le veut. Si vous refusez, malheur à vous ! vous serez dévorés. Et le dogme répond encore : Non ! jamais. Je suis la vérité et je viens de Dieu, or Dieu ne change pas et la vérité est éternelle.

Telle est l'invincible résistance de la doctrine immuable à tout ce qui se présente pour lui demander le changement. Et chose vraiment divine, c'est par cette résistance opiniâtre à tout ce qui lui demande le changement au nom du progrès, que l'Église sauve le Progrès lui-même. Car ce que l'Église professe par son dogme invariable, ce n'est pas une immutabilité morte, qui fixe à jamais le *statu quo* de la pensée ; c'est une immutabilité vivante qui fait le progrès de la doctrine par le mouvement de la pensée.

Mais votre religion m'arrête, et me dit : Prédicateur, demeurez dans votre rôle. Que l'Église résiste debout et ferme sur son dogme fixe et à jamais invariable, c'est ce que nous voulons bien reconnaître. Mais que l'Église, avec le dogme immuable admette le progrès de la doctrine, c'est ce que l'orthodoxie ne vous permet pas même de dire. Défenseur de l'immuable, prenez garde d'innover plus qu'il ne faut dans l'art contemporain de traduire devant nous le dogme séculaire.

Je vous remercie, Messieurs, de votre sollicitude à l'endroit de mon orthodoxie. Je n'ai rien plus à cœur que la pureté de la doctrine. Plus d'une fois je lui ai fait ce qu'on pourrait appeler des sacrifices d'éloquence ; je ne me pardonnerais jamais de chercher à ses dépens un succès oratoire. La parole est son humble servante, et c'est notre honneur de défendre avec tous ses droits sa royauté souveraine. Je suis donc heureux de pouvoir vous rassurer et de vous montrer, dans ce que je viens de dire, l'écho fidèle tout à la fois lointain et proche de notre tradition chrétienne et catholique.

Écoutez d'abord le témoignage d'un homme qui, sans être précisément un Père de l'Église, est dans le sujet qui nous occupe d'une grande autorité. « Pour être constante et perpétuelle, « la doctrine catholique ne laisse pas d'avoir

« ses progrès. Elle est connue en un lieu plus
« que dans un autre, en un temps plus que
« dans un autre ; elle est connue plus claire-
« ment, plus distinctement, plus universelle-
« ment. » Il est impossible de condenser en
des mots plus courts la lumière de ce sujet, et
de montrer plus clairement la conciliation du
progrès doctrinal avec le dogme fixe. Voulez-vous savoir quel est l'homme qui proclame
si hardiment l'identité du dogme invariable
et de la doctrine progressive ? C'est celui dont
des catholiques équivoques se plaisent trop
à se faire un auxiliaire illustre dans leur guerre
contre l'Eglise : vous venez d'entendre le
grand Bossuet parlant au grand Leibnitz. Or
Bossuet lui-même, en disant ces paroles, n'é-
tait que l'écho sonore d'autres voix plus grandes
encore que la sienne. Saint Bonaventure disait
ces remarquables paroles : « Selon la diversité
« des temps, il y a un progrès de la foi quant
« à la plénitude de la lumière ; et ce progrès
« résulte de la manifestation de la vérité, d'une
« plus grande diffusion de la grâce et d'une
« instruction plus vaste et plus complète. »
Et saint Grégoire surnommé le Grand nous

montre les horizons de la science divine grandissant de jour en jour, à mesure que l'humanité s'avance vers l'éternité : « Plus le monde marche vers sa fin, plus les ouvertures de la science éternelle s'agrandissent devant nous : *Tanto nobis scientiæ æternæ aditus largius aperitur.* »

Mais j'omets tout le reste pour aller chercher, plus loin dans la tradition chrétienne, un monument de la doctrine qui semble fait tout exprès pour notre siècle. Saint Vincent de Lérins, dans un petit chef-d'œuvre de littérature sacrée, après avoir démontré avec éclat la nécessité de se tenir ferme dans la tradition catholique, interrompt tout à coup son exposition, et il s'écrie : « O prêtre, ô docteur, toi qui as reçu de la munificence divine le génie et la doctrine, sois le Béséléel, c'est-à-dire le constructeur du tabernacle spirituel. A toi de sculpter avec art les pierres précieuses du dogme divin ; à toi de les ajuster avec exactitude ; à toi de les orner avec sagesse ; à toi de leur donner la splendeur, la grâce et la beauté. Que les clartés de ta parole illuminent les obscurités de la foi ; et que grâce à tes travaux la postérité se réjouisse de mieux comprendre ce que l'antiquité croyait sans en avoir la même intelligence. Toutefois, prends garde de n'enseigner que ce que tu as appris; et sache parler d'une manière nouvelle, sans dire jamais rien de nouveau : *ut cum dicis nove, non dicas nova.* »

Certes, Messieurs, voilà bien le travail illuminateur de la prédication chrétienne, jetant ses clartés sur la doctrine traditionnelle sans entamer l'intégrité du dogme. Mais ici vient la célèbre objection déjà vieille de tant de siècles, et que le génie catholique de Vincent de Lérins se pose hardiment, sûr qu'il se sent de la résoudre sans équivoque et sans difficulté.

« Mais quelqu'un dira peut-être : Il n'y aura donc pas de progrès dans l'Eglise du Christ? *Nullusne ergo in Ecclesia Christi profectus habebitur?* Oui, il faut que le progrès y soit et qu'il y soit très-grand : *habeatur plane, et maximus.* Qui serait assez jaloux de l'homme et assez ennemi de Dieu pour travailler à empêcher ce progrès? Nous voulons toutefois que ce soit le vrai progrès de la foi, mais non le changement : *ita tamen ut vere profectus sit ille fidei, non mutatio.* En effet, autre est le progrès, autre le changement. Que chaque chose s'agrandisse sans cesser d'être elle-même, c'est le progrès ; qu'une chose se transforme en une autre, c'est le changement. Il faut donc que, suivant la diversité des âges et le cours des siècles, non-seulement dans chaque fidèle en particulier, mais dans le corps de l'Eglise, l'intelligence, la science, la sagesse obtienne un grand progrès, mais sans sortir de son genre, c'est-à-dire en demeurant dans la même intégrité du dogme et le même sens de la doctrine.

« La religion et la doctrine dans les âmes doit imiter dans son progrès la loi du développement des corps, qui parcourent avec les années toutes les phases de leur vie sans rien perdre de leur identité. Entre la fleur de la jeunesse et la maturité de la vieillesse, grande assurément est la différence ; cependant les vieillards ne sont pas autres que n'étaient les adolescents ; l'extérieur et la physionomie changent : la nature et la personnalité demeurent. Les membres sont petits dans les enfants, et ils sont grands dans les hommes ; mais ce sont les mêmes membres. Tous les organes qui se trouvent dans les uns se retrouvent dans les autres. Ce qui a besoin pour se produire de l'âge déjà mûr, était en germe dans la vie encore jeune, et l'on ne voit rien dans les vieillards qui ne soit à l'état latent dans la vie des enfants.

Telle est la loi universelle de tout progrès ; tel est l'ordre stable de toute croissance, que les évolutions de l'âge manifestent de plus en plus dans la vie grandissante les formes diverses que la Sagesse divine avait créées dans la vie naissante.

Et maintenant, si vous voulez connaître l'application de cette loi de la nature au progrès de la doctrine, écoutez ce qui suit :

« Il est permis, avec la marche du temps, de travailler, de limer, de polir les dogmes antiques de cette philosophie descendue du ciel ; il est défendu de les changer, de les tronquer, de les mutiler. Qu'ils reçoivent, nous le voulons bien, plus d'évidence, plus de lumière, plus de clarté, pourvu qu'ils gardent leur plénitude, leur intégrité, leur propriété. Si, en effet, vous ouvrez la porte à cette licence frauduleuse et impie (qui se permettrait de changer le dogme lui-même), je frémis de dire combien la religion serait menacée de périr tout entière. Si vous abdiquez une partie du dogme, vous en verrez tomber une autre, puis une autre; et quand on a répudié chaque partie séparément, que peut-on attendre, je vous prie, si ce n'est la répudiation de la doctrine tout entière (1)? »

Tel était l'enseignement tout à la fois sage et hardi, traditionnel et philosophique, conservateur et progressif d'un grand maître de la doctrine il y a quatorze siècles. Vous le voyez, le Progrès s'y unit magnifiquement à l'immutabilité. Et ne croyez pas que l'Église désavoue de nos jours cette large interprétation de sa doctrine, qui la met en harmonie avec toutes les plus vastes aspirations de l'esprit humain. Il y a quelques années seulement que la même doctrine et la même interprétation retentissaient du haut de la Chaire de Pierre avec les mêmes formules et les mêmes expressions, mais agrandies par l'autorité d'un souverain Pontife : c'était Pie IX disant à l'univers devant le siècle qui

---

(1) Voyez le *Commonitorium* de saint Vincent de Lérins, c. XX.

l'écoutait, que l'immutabilité inviolable du dogme catholique et son inépuisable fécondité sont en parfaite harmonie avec les vrais progrès de l'esprit humain (1).

Mais enfin, dites-vous, l'immuable est l'immuable; et vous qui le proclamez, vous ne pouvez faire qu'il soit autre que ce qu'il est, l'*immobilité*, le *statu quo*, c'est-à-dire ce qu'il y a en soi de plus contradictoire avec ce qui se meut, avec ce qui marche, avec ce qui avance. Vous avez beau demander à la parole de draper l'antique à la moderne, et de donner au dogme fixe les allures du Progrès : il y a une chose sur laquelle vous ne parviendrez pas à nous faire illusion : vos dogmes immuables, de votre propre aveu, sont les colonnes d'Hercule de la vérité religieuse et souvent aussi de la vérité philosophique : barrières éternelles, qui semblent dire dans leur immobilité à toute génération qui demande de passer outre : « Arrêtez; on ne va pas plus loin que nous; nous sommes les confins du royaume de la vérité; au delà il

---

(1) Bref adressé aux évêques d'Autriche par le Pape Pie IX.

n'y a que l'erreur. » Comment une doctrine qui se pose elle-même comme l'extrême frontière de la vérité pourrait-elle être démontrée compatible avec le progrès de l'esprit humain ? Certes, nous vous savons gré de ce noble effort pour concilier la doctrine que vous professez avec le Progrès que nous poursuivons ; mais de grâce ne tentez pas l'impossible, et n'essayez de changer ni l'essence ni la nature des choses.

On nous supplie de ne rien changer à la nature et à l'essence des choses, nous les défenseurs de l'immuable. Nous adressons à nos contradicteurs la même supplication. Volontiers nous leur disons : Osez regarder en face le fond même des choses ; ne changez ni leur nature ni leur essence ; prenez-les telles que les pose devant votre pensée la plus simple, et si je le puis dire, la plus vulgaire métaphysique ; et vous allez comprendre comment l'immuable dans le dogme s'accorde avec le progrès dans la doctrine.

Que dit ici le premier principe de certitude appuyé sur l'essence même des choses ? Il dit que la vérité ne peut être et en même temps n'être pas; et qu'une vérité étant une fois démontrée est comme vérité nécessairement immuable. Tel est le témoignage invincible que rend l'essence des choses à toute intelligence capable de l'interroger. D'où il suit que le dogme ne peut être déclaré incompatible avec le progrès de l'intelligence par le seul fait de son immutabilité, mais uniquement par la démonstration de sa fausseté. Là, Messieurs, est toute la question entre le dogme catholique et la contradiction rationaliste. Il ne s'agit pas de savoir si le dogme peut ou doit être immuable; la question est de savoir s'il est le dogme vrai ou le dogme faux, ou si tous les dogmes sont essentiellement faux. Si nos dogmes sont faux, il est de toute évidence qu'il faut les changer, et que le progrès des intelligences ne peut s'élever que sur leurs débris. Qui a jamais prétendu qu'une erreur, fût-elle immuable, pût devenir un élément de progrès? Comment peut-on, pour le plaisir de nous trouver absurdes, nous prêter de telles folies? Quoi! mettre le progrès des intelligences dans la permanence du dogme faux? Quoi! faire d'une erreur dogmatique un élément de progrès doctrinal? Mais qu'est-ce donc que le progrès intellectuel, si ce n'est le mouvement de l'intelligence dans la vérité? Ah! Messieurs, si notre dogme est convaincu de faux, si vous en avez la démonstration, oui, dites hardiment qu'il faut changer le dogme; et, de grâce, ne déclamez plus contre ce que vous nommez le *statu quo* de l'immuable. Mais si le dogme est vrai, alors pourquoi le changer? Comment la destruction du vrai pourrait-elle devenir le perfectionnement de l'esprit humain?

En quoi donc, je vous prie, faites-vous consister le progrès de l'intelligence? Évidemment il y a ici un malentendu qui fait obstacle à la claire vue de la raison; et nous ne pouvons échapper à cet empire de l'équivoque que par des notions très-élémentaires du sujet, et par de très-claires définitions des choses.

Qu'est-ce qui constitue essentiellement le progrès de l'esprit humain? L'intelligence a-t-elle besoin pour son progrès des transformations de la vérité? Évidemment non. Le progrès intellectuel ne suppose pas le changement de la vérité par rapport à l'intelligence, mais bien le changement de l'intelligence par rapport à la vérité. La vérité demeure toujours une, toujours identique à elle-même dans son inviolable immutabilité, quelle que soit vis-à-vis d'elle l'attitude des intelligences ; mais les intelligences marchent toujours diverses et toujours différentes d'elles-mêmes, selon qu'elles changent leurs relations avec la vérité. Elles avancent quand elles approchent de la vérité ; elles reculent quand elles s'éloignent de la vérité : là est toute la loi des progrès de l'intelligence. Pour grandir et se perfectionner, elle n'a pas besoin que ce qu'elle adorait hier comme la pensée de Dieu soit aujourd'hui dédaigné par elle comme une invention de l'homme. Elle grandit, non si elle a forcé la vérité de s'adapter à elle, mais si elle s'est elle-même adaptée à la vérité. Elle grandit, non si elle a changé ses principes, ses dogmes, ses doctrines ; mais si elle voit aujourd'hui plus distinctement, plus clairement, plus pleinement ce qu'elle voyait hier d'une vue moins pleine, moins claire, moins distincte. Elle grandit, non si elle délaisse les vérités anciennes pour conquérir la vérité nouvelle ; mais si entre les vérités connues elle découvre des rapports, des convenances, des harmonies qu'elle ne connaissait pas. Elle grandit si le dogme, toujours identique dans son fond et immuable dans sa substance, brille sous son regard d'un rayonnement plus vaste et d'une lumière plus jeune. Elle grandit enfin, si la vérité, en demeurant éternellement ancienne, lui découvre dans son sein des abîmes toujours nouveaux. Oui, voir toujours mieux et toujours davantage la vérité qui ne s'accroît et ne se diminue jamais; changer sans cesse en l'agrandissant toujours sa vision de l'immuable, comme nous changeons pour nos yeux le rayonnement du soleil sans le changer et l'altérer jamais lui-même : voilà en tout ordre de choses l'essence du vrai progrès de nos intelligences, une vue toujours croissante et toujours nouvelle de la vérité toujours une et toujours immuable.

Et, remarquez-le bien, Messieurs, en expliquant ainsi le progrès dans le dogme immuable nous ne disons rien qui doive tant vous révolter ni même vous étonner ; nous sommes d'accord avec vous-mêmes : nous consacrons dans l'ordre moral et religieux ce que vous admettez tous dans l'ordre matériel et scientifique. Lorsque, par un effort de génie ou par un hasard divin, vous avez surpris dans la nature un secret; quand vous avez rencontré un fait qui n'avait pas encore été constaté, une loi qui n'avait pas encore reçu sa formule; en un mot, lorsque vous avez fait dans la sphère naturelle ce que vous appelez une découverte; je le demande, est-ce que cette vérité nouvellement reconnue et nouvellement formulée vous apparaît comme un obstacle qui empêche la science d'aller plus loin? Est-ce que la pensée vous vient que pour le progrès de l'esprit humain il faut supprimer cette vérité ou la transformer en une autre? Au contraire cette loi nouvelle, cette formule nouvelle devient pour la science un point de départ nouveau, un principe de progrès nouveau. Eh bien! Messieurs, que fait l'Église en déclarant immuable par la définition dogmatique un point de la doctrine religieuse? Elle constate une idée renfermée dans le trésor de la révélation, elle proclame par une autorité infaillible la révélation divine et la croyance traditionnelle de la vérité définie; et par là elle pose à la science chrétienne un nouveau point de départ qui agrandit ses horizons actuels et prépare ses progrès futurs.

En effet, Messieurs, c'est en partant de ces données stables que l'intelligence, par son mouvement propre, peut étendre sa sphère et agrandir pour elle-même les rayonnements de la vérité. Douée de la faculté de déduire le vrai du vrai, elle marche, en éclairant sa route par la lumière des dogmes, à des conséquences que la foi elle-même ne définissait pas; ou bien elle entrevoit entre les affirmations divines des accords intimes que la définition dogmatique ne révélait pas explicitement; et les enthousiasmes qu'elle éprouve en présence des harmonies qui se révèlent à sa pensée, la poussent comme invinciblement à rechercher à la lumière du dogme immuable des harmonies toujours plus belles et toujours plus profondes. Elle va plus loin encore ; dans ses ravissements de la vérité conquise dans un monde supérieur, elle regarde ce monde inférieur de la nature qu'elle n'avait vu jusque-là qu'à sa propre clarté ; et, grâce à la lumière empruntée à ce phare toujours allumé du dogme catholique, elle le voit qui s'illumine à ses yeux d'une clarté soudaine. Elle rencontre même dans le monde naturel mille reflets, mille images du monde surnaturel ; l'ombre seule de ce monde divin projetée sur le monde humain lui devient, pour le manifester tout entier, plus lumineuse que sa propre lumière ; et l'intelligence sent se développer en elle, avec l'ambition de mieux connaître l'increé, l'ambition toujours croissante de mieux connaître le créé ; d'autant plus impatiente de pénétrer aux profondeurs de l'homme que le dogme immuable lui a ouvert plus lumineuses les profondeurs de Dieu.

C'est là, Messieurs, ce qui explique dans le génie catholique humblement prosterné devant les dogmes immuables cette prodigieuse ambition de savoir et cette hardiesse d'investigation, qui lui fait poser sans trembler les plus redoutables problèmes que puisse aborder sur la terre la pensée de l'homme. Vous dites que la croyance à l'immuable pétrifie la pensée ; vous dites qu'elle l'enveloppe comme une momie dans les bandelettes du dogme et les ombres de la foi. Ah ! puisque vous l'ignorez ce mystère de la foi, il faut vous dire ce qu'il est, et ce qu'il fut toujours dans les grandes intelligences qui l'ont porté à travers toutes les incrédulités et en face de tous les scepticismes. Non, la foi ce n'est pas l'immobilité, c'est le mouvement. Non, la foi ce n'est pas la mort, c'est la vie : *Justus autem meus ex fide vivit*. Non, la foi ne tient pas le génie enfermé dans une obscure prison, lui interdisant l'espace et la lumière; elle ne fait pas aveugles et captifs les rois de la pensée. Que fait-elle donc, la foi? Ce qu'elle fait? elle montre au génie à travers l'obscurité de ses dogmes des ouvertures infinies. Et pour ceux qui ne sont pas nés hiboux obscurs, cherchant d'instinct les ténèbres et la nuit; pour ceux qui sont de la race des aigles; ah! si vous demandez ce qu'elle fait, je vais vous le dire non sans quelque fierté de cette gloire catholique : loin de leur couper les ailes, elle élève leur vol; au lieu de leur crever les yeux pour les empêcher de voir, elle ouvre leurs regards à des clartés nouvelles; et au lieu d'abaisser leur essor, elle les porte à ses plus hauts sommets, au-dessus de ces nuages qui enveloppent le vulgaire des penseurs; et les posant, comme sur un rocher, sur le dogme immuable, elle leur fait de plus près regarder le soleil. Alors les quelques ombres qui leur demeurent encore ressemblent pour eux à ces nuages dorés par la lumière, qui ne font qu'accroître en eux le désir de voir sans ombre aucune ce soleil qui leur envoie de loin de si magnifiques reflets. Et dans les sublimes extases que la vérité leur donne sur ces hauteurs où la foi les illumine et où l'espérance les soulève, loin de s'arrêter, parce qu'ils n'ont pas encore la pleine lumière qui rassasie l'intelligence, ils éprouvent le besoin de porter leur curiosité ardente et leur investigation passionnée jusqu'à des profondeurs qui étonnent le rationalisme lui-même. Tels apparurent, à toutes les époques, les grands hommes inclinés par leur foi devant le dogme immuable, portant en eux la pensée aussi active, aussi vivante et aussi ardente que possible : hardis autant que la raison le permet et que la foi l'autorise ; et, au lieu de chercher vers les frontières du néant la vérité changeante, cherchant du côté de l'infini, dans la vérité toujours une et toujours ancienne, des aspects toujours nouveaux et des perspectives toujours nouvelles.

Tel est, même sur la terre, à travers les ombres de la foi, notre progrès dans la lumière par notre marche dans l'immuable. Et sous ce rapport, le terme lui-même de tous nos progrès, notre vision béatifique et notre éternel face-à-face avec la vérité, ne sera que la consommation dans le ciel de ce qui aura pour nous commencé sur la terre. Comment en effet l'intelligence trouvera-t-elle sa béatitude dans la vision sans fin de l'identique et de l'immuable? Comment concevoir le bonheur éternel de cet éternel regard? Ah! Messieurs, c'est que l'immuable, en se découvrant éternellement à notre intelligence, lui montrera de lui-même et dans lui-même des aspects éternellement nouveaux et des harmonies éternellement nouvelles; et la plénitude de sa vie comme l'achèvement de son bonheur sera de voir, de voir encore, de voir toujours d'une manière infiniment variée et d'une vue éternellement rajeunie l'infini qui ne change pas.

Voilà, Messieurs, dans le génie chrétien, la conciliation parfaite de l'immutabilité du dogme et du progrès de l'intelligence. Et ce qui est vrai d'une intelligence est vrai de toutes les intelligences illuminées par la lumière et fécondées par la chaleur de ce soleil des âmes qui ne change pas plus pour nous que le soleil de la nature. A mesure que les définitions de l'Église et les travaux de la théologie épanouissent de plus en plus l'intarissable fécondité du dogme révélé, l'humanité chrétienne, dans la proportion où cet épanouissement se fait, grandit elle-même par la raison en croissant dans la foi. Fermement attachée au dogme immuable et à l'autorité qui en garde le dépôt, la catholicité suit dans sa vie le progrès de la doctrine : comme le Verbe incarné lui-même croissait en sagesse dans la maison de Nazareth, obéissant à l'Église qui lui parle en son nom, elle croit en sagesse pleine, c'est-à-dire en foi et en intelligence, à mesure que la parole de l'autorité définit la doctrine et que la théologie en découvre le trésor. Ainsi, nous avons une doctrine toujours jeune, toujours fraîche, toujours vivante. C'est qu'il n'y a rien de plus frais que l'immuable ; rien de plus jeune que l'éternel, et rien de plus vivant que ce qui ne peut mourir.

CINQUIÈME CONFÉRENCE

CINQUIÈME CONFÉRENCE.

LE PROGRÈS INTELLECTUEL

PAR LA DOCTRINE CATHOLIQUE.

Messieurs,

Il est profondément triste pour celui qui aime passionnément la vérité et les hommes, de voir avec quelle facilité nous subissons le redoutable empire des mots. Toujours l'erreur marche au milieu de nous, portant sur son drapeau un mot dont elle se fait une domination et souvent une tyrannie sur la pensée populaire. Combien de fois n'avez-vous pas entendu répéter par les voix du siècle ces formules retentissantes : « Le dogme immuable, c'est le point d'arrêt du Progrès ; l'immutabilité, c'est le *statu quo*, c'est l'immobilité, c'est la mort. Vous professez un dogme qui ne change pas ; vous niez le mouvement. Vous n'admettez pas avec nous comme une loi nécessaire le changement universel et la transformation en tout ordre de choses ; vous êtes stationnaires, vous êtes rétrogrades ; vous supprimez la vie ; vous êtes cadavres. » Heureusement l'heure de la vérité sonne pour toutes les calomnies accréditées par la folie humaine ; et celle-ci, Messieurs, l'incompatibilité absolue de la stabilité et du mouvement, est une de celles qui appelaient une tardive mais nécessaire justice. Depuis longtemps elle pesait sur mon âme ; et, sous ce rapport, la dernière conférence fut pour ma pensée longtemps captive en moi je ne sais quelle délivrance et quel soulagement. J'avais besoin de vous dire de toute l'énergie de ma conviction, que la stabilité non-seulement n'est pas l'obstacle au Progrès, mais qu'elle en est la souveraine condition. Par un vol rapide à travers les principales sphères où la science se ment et où la vie se déploie, nous avons vu que partout le Progrès se retrouve toujours le même : une marche dans des lignes immuables, un mouvement selon des lois stables; partout nous avons vu la suppression de ce principe aboutir à la négation de la science, à la destruction de la vie, à l'extravagance de l'esprit humain. Nous avons montré enfin, en appliquant au christianisme ce principe général, comment l'immutabilité du dogme s'y concilie avec le progrès de la doctrine et avec le développement de l'intelligence.

Jusqu'ici, nous avons repoussé trois grands préjugés qui s'opposent au progrès des intelligences par le christianisme. Le premier qui nie la compatibilité de la raison et de la foi; le second qui oppose à l'harmonie de l'une et de l'autre l'indépendance de la raison humaine; et le troisième qui déclare le progrès intellectuel inconciliable avec le dogme immuable. Pour compléter cette croisade pacifique contre le rationalisme dans le domaine de la philosophie, il nous reste à nous expliquer sur un préjugé qui à lui tout seul résume tous les autres. On nous dit : Le christianisme en général, et le dogme catholique en particulier a rendu à l'intelligence d'incontestables services. Mais l'esprit humain a grandi, et il a besoin pour grandir encore davantage d'une doctrine plus en rapport avec la maturité de son génie et avec les besoins de l'esprit nouveau ; et désormais l'humanité, pour marcher à ses destinées futures, appelle un autre guide et une autre lumière.

Il s'agit de peser au tribunal de votre raison la valeur réelle de cette fin de non-recevoir. Est-il vrai que la doctrine ou la philosophie chrétienne soit désormais impuissante à guider l'esprit humain ? Est-il vrai que la philosophie humaine ait de son côté tout ce qu'il faut pour poursuivre après le christianisme l'éducation intellectuelle de l'humanité ? Il est impossible de porter le débat sur une question plus décisive au point de vue de notre sujet. Divisons la matière, trop vaste pour un seul discours. Montrons aujourd'hui que la doctrine catholique réunit toutes les conditions qu'exige une doctrine directrice de l'humanité ; et, dimanche prochain, nous ferons à ce point de vue l'examen de conscience de la philosophie purement humaine. En deux mots, suffisance de la doctrine catholique ; insuffisance des doctrines philosophiques pour guider l'esprit humain et réaliser le progrès des intelligences : tel est le grave sujet par lequel nous terminerons nos conférences de cette année.

La première nécessité de toute philosophie qui aspire à guider l'humanité dans la voie du progrès intellectuel, c'est tout d'abord de présenter à l'intelligence, non la vérité à découvrir, mais la vérité déjà trouvée ; l'intelligence ne peut grandir qu'en se développant dans le vrai ; elle part du vrai pour conquérir le vrai. Il lui faut de toute nécessité, non-seulement la vérité comme but, mais la vérité comme point de départ. Que ferait pour le progrès de l'esprit humain la perpétuelle recherche de la vérité? A quoi nous serviraient nos yeux s'ils étaient condamnés à poursuivre éternellement la lumière? A quoi bon le soleil lui-même si nous cherchions toujours dans la nuit ses rayons toujours fuyants? Si la philosophie doit découvrir toute la vérité qui est son principal objet, à savoir la vérité sur Dieu, sur l'homme et sur leurs rapports, que deviendra l'esprit humain en attendant que les philosophes embarqués sur la vaste mer du doute, lui rapportent des lointains rivages explorés par leur génie ce pain substantiel de la vérité dont elle ne peut se passer? Il est donc de toute évidence que la grande philosophie populaire, la philosophie du Progrès, doit être, non la poursuite de la vérité toujours cherchée, mais la démonstration et le développement de la vérité déjà possédée.

Et voilà tout d'abord ce qui rend la philosophie chrétienne si puissante pour le *progrès* des intelligences. Elle ne dit pas à l'humanité qui a faim et soif de vérité : « Encore mille ans, encore cent ans, encore cinquante ans, nous allons trouver cet aliment qu'appellent vos intelligences. » Elle ne vous demande pas même d'attendre jusqu'à demain pour recevoir cette vérité dont vous avez besoin pour vivre aujourd'hui. Pour nous la grande révélation est faite; pour nous la vérité est trouvée. Nous ne cherchons pas la vérité, nous la possédons et nous vous la montrons. Nous vous disons : Ouvrez vos intelligences et vous verrez la vérité, comme en ouvrant vos yeux vous voyez le soleil. Il est vrai, cette vérité a dans son sein des abîmes de lumière où votre pensée peut, si vous le voulez, marcher de clarté en clarté. Mais si votre course dans la lumière peut être indéfinie et aussi lointaine que le demandent votre ambition de voir et votre passion de connaître, les points de départ sont trouvés ; les voici clairement définis et nettement formulés ; les voici fixes et à jamais immuables. Vous pouvez encore vous égarer dans votre course, mais ce ne sera qu'en perdant de vue cette lumière qui doit vous guider toujours. Affirmez avec nous d'une adhésion absolue ces éléments de la doctrine ; et quoi qu'il en soit de vos explorations au sein profond de la vérité, jamais vos intelligences ne manqueront du nécessaire de leur vie et des conditions de leur croissance.

Voilà le procédé de la philosophie chrétienne pour guider dans leur marche les générations qui la suivent ; c'est le procédé qu'indiquent ensemble la raison et la nature, le génie et le bon sens ; le seul procédé vraiment pratique et vraiment efficace. Veuillez, je vous prie, le remarquer, Messieurs, il s'agit de guider dans le domaine du savoir, non quelques rares philosophes, mais l'humanité elle-même ; et il s'agit de la guider non dans la voie des découvertes libres et des vérités accessoires, mais dans la connaissance des vérités qui constituent ce que j'appelle le nécessaire de la vie intellectuelle et morale des nations. Il y a, en effet, dans l'ordre intellectuel des vérités substantielles, vérités qui renferment l'aliment nécessaire des intelligences ; et il y a ce qu'on pourrait nommer des connaissances et des vérités de *luxe*. Le catholicisme livre à l'ardeur de vos investigations et au génie de la curiosité l'empire des vérités accessoires ; mais il transmet à l'humanité qu'il enseigne l'héritage des vérités substantielles ; ces vérités il ne les recherche pas, il ne les discute pas ; il les expose, il les explique, il les montre. Il dit aux nations qui appellent la vérité : Voici la vérité nécessaire ; cette vérité c'est moi-même ; moi, la vérité descendue du ciel pour se montrer à la terre ; la vérité qui est de Dieu et qui est Dieu même se révélant par son Verbe. Cette vérité, vous n'avez pas besoin pour la trouver de creuser les mystères de la nature, les profondeurs de la science, les abîmes de l'homme et de Dieu; cette vérité est préparée pour vous par la paternité divine, comme la nourriture aux enfants par la paternité humaine. Cette vérité qui fait croître et grandir les âmes en Jésus-Christ, il faut la prendre au sein de l'Église comme les enfants le lait maternel, sans la discuter, sans l'analyser, sans la décomposer : *Sicut modo geniti infantes, rationabile lac concupiscite*; afin que nourris et fortifiés par ce lait substantiel de la divine maternité, vous arriviez à la santé de l'âme et à la plénitude de l'intelligence : *Ut in eo crescatis in salutem* (1).

Fort bien, dites-vous : oui, le peuple doit aimer ce procédé éminemment populaire. Nous comprenons qu'il ne peut lui-même aller à la recherche de la vérité dont il a besoin pour vivre; mais nous les élus de la pensée et l'aristocratie des intelligences, nous l'*avantgarde de l'humanité*, nous ne pouvons accepter ce procédé qui nous humilie. Nous voulons savoir si cette grande doctrine qui se pose devant nous comme l'édifice même de la vérité

(1) I Petr. xi, 2.

a des fondements solides ; nous voulons voir si ces fondements peuvent se découvrir à notre regard dans une clarté qui satisfasse notre passion de la lumière.

L'Église, en effet, Messieurs, ou si vous aimez mieux, la philosophie qu'elle enseigne, répond par son architecture même à ce besoin de vos intelligences. A tous ceux qui n'ont ni le temps ni la faculté de se rendre directement compte de la solidité des fondements, elle offre le spectacle de l'édifice et le rayonnement qui jaillit de toutes ses faces. Mais à ceux qui ont besoin d'investigation, aux hommes qui veulent porter leur curiosité jusqu'aux sources des choses, elle montre à qui veut les voir ses inébranlables assises et ses profondeurs lumineuses.

Oui, Messieurs, ses *profondeurs lumineuses*: c'est à dessein que je me sers de ces deux mots qui expriment le caractère réservé et propre de la philosophie catholique. Notre doctrine est marquée à ce signe divin : qui a l'œil simple et pur le voit infailliblement. La profondeur c'est ce qui est au fond ; c'est le lieu de la solidité où s'appuient les doctrines et les choses pour se soutenir et demeurer; c'est le point qui porte tout et n'est porté par rien, si ce n'est par sa propre force. Mais prenez-y garde, s'il y a une profondeur vraie, il y a des profondeurs qui ne sont qu'apparentes. Il y a des surfaces ténébreuses qu'on prend pour des profondeurs; et il y a des profondeurs claires qu'on prend pour des surfaces, parce qu'il suffit de regarder pour voir. Telle apparaît la grande science chrétienne; elle est dans ses fondements aussi profonde et aussi claire que possible. Au-dessous et au fond de toute la doctrine chrétienne, comme au fond et au-dessous de toute existence créée il y a pour tout porter le Verbe lui-même, par qui toute chose a été créée et de qui nous vient toute vérité. A cette construction sacrée, où la vérité se lie à la vérité pour former le temple de la doctrine, il n'y a pas d'autre fondement possible; lui seul est le support inamovible de toute la vérité qui se soutient en lui. Pénétrez en tous sens, de la surface au fond, de la circonférence au centre, vous arrivez toujours à lui; vous le touchez vivant et tressaillant en elle; vous l'entendez qui vous crie de toute profondeur : C'est moi : *Ego sum*, moi la doctrine, toute la doctrine ; moi la vérité : *Ego sum veritas*. Le Verbe divin est le ciel de la vérité ; il en porte et découvre en son sein toutes les pures étoiles. Regardez en tout sens au firmament céleste, c'est l'azur, encore l'azur ; regardez au firmament de la doctrine chrétienne, c'est le Christ, encore le Christ : fond divin brillant de sa propre clarté, parce qu'il est lui-même toute lumière et toute clarté.

Voilà pour le savant comme pour le peuple la doctrine vivante en Jésus-Christ : simple et sublime, profonde et claire tout ensemble, elle se montre à chacun selon la pénétration de son regard. Elle est profonde, parce qu'elle est le fond de la vérité ; et ses profondeurs sont lumineuses, parce que ce fond est l'origine de la lumière. Elle n'a pas, comme certaines philosophies, ces profondeurs trompeuses qui ne sont que des surfaces voilées par des nuages ; elle a des profondeurs réelles, abîmes de la vérité éclairés par elle-même. Notre doctrine, par cette profondeur transparente, fera à jamais le désespoir de tous les génies qui, au lieu de s'appuyer sur elle, prétendent creuser au-dessous pour découvrir quelque chose de plus profond, et au lieu de s'éclairer d'elle-même, viennent un flambeau à la main pour éclairer son soleil. On ne fonde pas la vérité, on s'appuie sur son fond; on n'éclaire pas la vérité, on s'éclaire d'elle; on n'illumine pas un soleil, on s'illumine de ses clartés; et ces clartés, on ne les crée pas, on ne les cherche pas : on les voit, parce qu'elles sont.

Et voilà ce qui rend à jamais la philosophie chrétienne éminemment progressive, et particulièrement efficace pour le gouvernement des esprits; elle est la démonstration de la vérité se découvrant à tous, au peuple par des surfaces rayonnantes, au philosophe par des profondeurs lucides. Ainsi elle est pour chacun dans sa sphère et proportionnellement à sa hauteur, le progrès de l'intelligence; le peuple et le philosophe, le bon sens et le génie y grandissent ensemble.

La seconde condition de toute doctrine appelée à guider les intelligences dans la voie du Progrès, c'est la certitude et l'affirmation de la vérité. Ce qui distingue le catholicisme dans

l'éducation des jeunes intelligences, je l'ai dit
l'année dernière, c'est qu'au lieu de procéder
par le doute et la discussion, elle procède surtout dans l'enseignement donné aux enfants
par la certitude et par l'affirmation. Sous ce
rapport, Messieurs, l'humanité en masse est
comme un enfant; son éducation intellectuelle
est soumise à la même loi.

L'orgueil et l'ignorance font croire aux sectateurs énervés du doute et de la négation que
la négation et le doute leur font une grandeur
qui les élève au-dessus du vulgaire. Ils ne sont
pas loin de se persuader que l'affirmation est
de sa nature stationnaire, voire même un peu
rétrograde; et que le vrai progrès de l'esprit
humain consiste à ne croire fermement à rien,
à n'enchaîner sa pensée ni à un dogme, ni à
une doctrine, ni à un principe. Doute et progrès, négation et progrès sont pour eux des
termes équivalents, si ce n'est tout à fait synonymes. Rien n'est plus radicalement faux
que cette manière de fonder le progrès des
esprits; et il est impossible de prendre plus à
contre-sens l'agrandissement de la pensée.

Qu'est-ce que la négation par rapport à l'intelligence? En quoi, je vous prie, porte-t-elle le signe de la grandeur et de la force? Et qu'est-ce qui l'autorise à revendiquer insolemment l'honneur du progrès intellectuel? Sachez-le bien, la négation n'est qu'une ruine; elle est à l'affirmation ce que le vice est à la vertu; elle abaisse et humilie l'esprit humain. Celui qui nie est censé ne pas voir ou mentir à ce qu'il voit : d'un côté comme de l'autre il n'est fier que de son humiliation. L'histoire de la négation est depuis longtemps écrite dans la vie de l'humanité; on la reconnaît presque toujours à l'un de ces deux signes : faiblesse de l'intelligence, lâcheté de cœur. Nier est la plus facile chose qu'il y ait au monde. Il n'y a rien à faire pour soutenir une négation; et c'est ce qui explique pourquoi elle va si bien à l'orgueil du cœur et à la médiocrité de l'esprit. On ne va pas au fond de la vérité, parce qu'on ne peut ou qu'on n'ose y aller; on nie par défaut de connaissance ou par défaut de courage. Et ces négations en apparence si fières ne sont autres que l'effort d'un orgueil éperdu pour voiler ses découragements et déguiser ses désespoirs.

Quant au doute, moins insolent et moins fastueux que la négation, de l'aveu des sceptiques il n'est lui-même qu'une misère ; c'est la misère des intelligences réduites à l'impuissance de se croire ou de se savoir en possession de la vérité. Les âmes sincères en souffrent cruellement. Le sentiment de cette misère attriste le génie déshérité de la foi ; et c'est au moins un reste de grandeur de reconnaître que cette indigence ne constitue pas la grandeur. La négation coupe le Progrès par sa racine ; le doute l'arrête dans sa marche. La négation n'est qu'une nuit, et le doute un crépuscule ; l'affirmation seule est le jour. Le doute fait du Progrès un édifice fondé sur le sable ; la négation en fait un édifice suspendu sur le vide.

Aussi, ce qui rend le catholicisme éminemment progressif au point de vue des intelligences, c'est qu'il est avant tout certitude et affirmation. Et cette certitude et cette affirmation ne portent pas seulement sur le dogme révélé et sur les vérités surnaturelles ; elles ont pour objet aussi les vérités essentielles de l'ordre naturel. Le christianisme par sa doctrine sauvegarde les sources éternelles d'où sortent de siècle en siècle, selon le plan de Dieu, tous les agrandissements de la pensée. Il sait que le Progrès ne peut être que le développement des principes connus et pleinement affirmés. Voilà pourquoi non-seulement il affirme tous les principes qui touchent à la vie intellectuelle, morale et religieuse; il fait plus, il les dogmatise; il les défend contre le doute et la négation qui essayent de les ébranler; il les met sous la garde sacrée de la conscience humaine; et il en commande au nom de Dieu même la perpétuelle et inviolable foi.

Cette foi et cette affirmation absolue, qui est le devoir du catholique, est le fait éclatant de la catholicité. Regardez de bas en haut la grande société intellectuelle du catholicisme; à tous les degrés vous rencontrerez ce remarquable phénomène : une affirmation sans réserve et une certitude sans hésitation, non-seulement des dogmes qui soutiennent l'édifice de la catholicité, mais encore des principes qui supportent la vie intellectuelle de l'humanité. Je n'explique pas ici les causes de ce phénomène unique dans l'histoire et si glorieux pour le christianisme ; je le constate, et je porte aux disciples du doute et de la négation le défi de l'ébranler. Cherchez une population demeurée profondément chrétienne où l'on doute d'une seule des grandes vérités qui sont la séve des intelligences et la vie de l'esprit humain, vous ne la trouverez pas. Là, entre les deux mondes de l'intelligible, entre les vérités rationnelles et révélées, naturelles et surnaturelles, il y a une liaison si profonde, une parenté si intime, que les unes demeurant fermes dans l'intelligence, les autres n'y peuvent chanceler.

Sans doute, ce phénomène de la certitude catholique se diversifie infiniment selon le milieu où sont jetées les intelligences. Plus naïve et plus spontanée dans les classes privées de loisir et de savoir, elle est plus raisonnée, plus réfléchie, plus éclairée sur les hauteurs où le flambeau de la science brille en même temps que le flambeau de la foi : mais cette certitude est partout. Sauf de rares épreuves qui troublent parfois dans une âme les surfaces de la vie, sans en ébranler le fond, la catholicité entière se repose dans la force de sa foi et dans la puissance de ses affirmations. En vain autour d'elle les vents de l'erreur et les souffles du doute passent et repassent, comme ces rafales qui secouent le navire sur la vague et font chanceler sur la terre les fondements des édifices : la grande citadelle de la certitude, la grande forteresse de l'affirmation demeure soutenue par ses propres assises; et au milieu de tous les naufrages de vérités et de tous les écroulements de principes, elle défend avec elle-même les vérités et les principes sans lesquels les intelligences ne pourraient pas même vivre. Entre nos adversaires et nous, voilà la différence : ils doutent, nous croyons; ils ont des opinions, nous avons la certitude; ils nient, et nous affirmons; ils travaillent à déraciner les esprits, nous sauvegardons par la puissance de notre foi les fondements des esprits.

De là vient dans le vrai christianisme cette race des véritables esprits forts. Toute pleine de la sève des principes et de la fermeté des dogmes, leur supériorité tient encore plus à leur foi qu'à leur génie; supériorité vraiment royale, alors que, comme dans Augustin et

Bossuet, la foi sauvegarde le génie et le génie couronne la foi. On ne les voit pas, comme tant d'hommes de notre temps, esprits flottants et vagabonds, parcourir tout l'itinéraire des erreurs antiques et modernes sans arriver jamais à se fixer dans la vérité : esprits sans certitude, sans consistance et sans fermeté, qui passent leur vie à se déraciner, pour se replanter et se déraciner encore, et qui ne parviennent pas à se donner des racines. Non, tel n'est pas le génie formé par la doctrine catholique. Une fois planté dans les dogmes et les principes, il y demeure ; il y puise lentement mais sûrement cette séve puissante qui prépare la vigueur des esprits. Oui, Messieurs, nous sommes des enracinés ; et parce que nous avons des racines, malgré notre faiblesse personnelle il se trouve que nous sommes forts ; et parce que nous sommes forts nous résistons aux attaques et soutenons ceux qui chancellent ; et à l'heure des grandes secousses et des périlleux ébranlements, nous abritons sous le bouclier de notre foi les intelligences effrayées et incertaines d'elles-mêmes au milieu de l'obscurité et de la perturbation universelle.

Là aussi est le vrai secret de la supériorité des âmes chrétiennes, non-seulement dans l'ordre de la pensée, mais par un contre-coup naturel, en tout ordre de choses. De là la fermeté de la volonté, la force de caractère, l'énergie du patriotisme à l'heure des grandes épreuves. C'est ce que comprenait une âme vraiment chrétienne et patriotique en parlant du spectacle de force et de constance invincible que donnaient dans de tristes jours ses concitoyens les Polonais : « Nous avons la foi ; nous croyons en plein ; le juste pour nous est le juste ; le droit est le droit ; le bien est le bien, et le mal est le mal ; le catholicisme est intact. Chez nous, point de ces nuances qui effacent toutes les couleurs ; de ces demi-convictions énervantes où la vérité se perd ; nous croyons, et nous sommes prêts à mourir pour notre foi. »

C'est là un spectacle que le catholicisme donne seul au monde : une foi absolue sans hésitation aucune, et qui cependant n'emprunte rien au fanatisme ; enthousiaste et réfléchie, ardente et calme, sereine et passionnée. Et quiconque parmi vous ne comprendrait pas ce que cette énergie de foi à une grande doctrine peut donner d'élan à la pensée, de force à l'intelligence et d'énergie au caractère, en serait encore à apprendre en quoi consiste l'honneur de l'intelligence et la dignité de l'homme.

Mais, Messieurs, professer une doctrine qui se montre comme la lumière et s'affirme comme la certitude, ce n'est pas encore assez pour la direction intellectuelle et le progrès général de l'esprit humain. Il ne suffit pas, pour atteindre ce but, de dérober à la négation et de montrer dégagées de toute ombre quelques rares vérités ; il faut créer pour la direction morale et intellectuelle de l'humanité une philosophie aussi large que l'esprit humain, ou plutôt aussi large que la vérité elle-même. Il nous faut une doctrine dont le symbole soit adéquat, non à une part de la vérité, mais à la vérité entière ; j'entends la vérité substantielle et nécessaire. Tant que ce symbole de la vérité complète n'est pas rédigé ; tant que ce catéchisme de la doctrine et de la philosophie populaire n'est pas achevé, ne vous vantez pas de guider l'humanité dans ses voies. Quelle raillerie amère d'annoncer au monde qu'on va réaliser dans les intelligences un progrès continu, alors qu'au lieu de leur donner dans l'abrégé de la doctrine complète toute la vérité qui doit les éclairer, vous n'auriez qu'à leur offrir des fragments de vérité. Ce qu'il nous faut, ce n'est pas le quart de la vérité, le tiers de la vérité, la moitié de la vérité : c'est toute la vérité. Sans cette préparation et cette assimilation de toute la substance du vrai, l'esprit humain ressemble à un corps qui a la moitié, le tiers, le quart de sa nourriture ; il est faible, languissant, malade, impuissant ; et il montre au monde un spectacle mille fois plus triste à contempler que l'atrophie et le rachitisme des corps, l'atrophie et le rachitisme des intelligences. Donc, quand il s'agit de formuler la philosophie nourricière des intelligences et directrice de l'humanité, ne nous parlez plus de vos *essais*, de vos *fragments* et de vos *mélanges* plus ou moins philosophiques. Que nous font ces morceaux, ces particules, ces miettes de la vérité, si tant est que ce soit la vérité, pour rassasier la grande âme des nations ? Donnez-nous la vérité totale, le symbole achevé, la doctrine consommée, cette plénitude enfin où chaque intelligence plonge selon sa mesure et s'assimile selon sa capacité la substance du vrai. A cette condition, mais à cette condition seulement, vous pouvez aspirer au ministère des âmes et à la direction de l'esprit humain.

S'il en est ainsi, je le déclare tout haut, même devant les plus fiers ; à la catholicité, aujourd'hui comme il y a bientôt deux mille ans, il appartient de guider l'humanité. Et pourquoi, Messieurs, à l'Église catholique cet honneur réservé de diriger l'esprit humain ? Ah ! c'est qu'elle seule en effet possède à tout jamais ce que nous cherchons, le trésor de la vérité pleine ; trésor divin qu'elle hérita du Christ son époux, et dont elle révèle, selon les besoins du temps, les richesses toujours nouvelles. Notre symbole est fait, notre catéchisme est dans vos mains ; osez le lire, et sachez le comprendre. Qu'y manque-t-il au point de vue de la vérité essentielle ? Rien, absolument rien. Il est la condensation lumineuse de toute la substance du vrai. Parcourez toutes les sectes, toutes les écoles, toutes les philosophies plus ou moins riches de la vérité intellectuelle, morale et religieuse ; prenez dans chacune tout ce qu'elles affirment, et à la place de leurs négations respectives mettez les affirmations : et vous avez la philosophie catholique, c'est-à-dire la vérité intégrale. C'est qu'en effet toutes ces doctrines, toutes ces philosophies, toutes ces écoles, ne sont que des pierres détachées, des rayons épars, des semences dispersées : réunissez le tout ; vous avez l'édifice où tout se soutient, le foyer d'où tout rayonne et toute la semence qui fait germer la vérité et féconde les intelligences. Notre doctrine est sortie tout d'une pièce du Verbe révélateur. Et depuis, sans laisser entamer jamais son intégrité primitive, elle traverse les temps en découvrant, siècle par siècle et jour par jour, sa plénitude infinie. Quelle vérité morale trouvée par le génie de l'homme nous manque ? Aucune. Quelle vérité philosophique ? Aucune. Quelle vérité religieuse ? Aucune. Quel est le philosophe ou le théologien qui puisse se vanter d'avoir, à force d'investigations, de travail ou de génie, ajouté un grain à la semence, un rayon au foyer, une pierre à l'édifice de la vérité catholique ? Où est l'homme le plus fier de son génie, le plus enivré de sa science et de sa philosophie qui puisse dire avec une ombre de raison : « Une vérité conservatrice, un principe d'ordre, un axiome de morale, un dogme religieux manquait au catholicisme ; je l'ai trouvé. J'ai comblé une lacune de la révélation chrétienne ; j'ai enrichi le trésor de la catholicité doctrinale. » Qui a pu dire cette parole ? qui ? Personne. Ah ! quand il s'agit de la vérité contingente, d'un fait de l'histoire ou d'un phénomène de la nature, je le comprends, vous pouvez ajouter au trésor commun de l'humanité ; vous pouvez enrichir vos musées, vos galeries, vos expositions, de toutes les conquêtes de l'érudition, du travail et du génie. Mais quand il s'agit de la grande vérité, de la vérité morale, philosophique, religieuse, de la vérité qui fait vivre et marcher l'humanité, ah ! n'espérez pas nous enrichir ; nous avons hérité du Verbe de Dieu l'or pur de la vérité, et nous l'avons hérité sans partage, sans réserve et sans division. Nous sommes catholiques, et nous possédons la catholicité, c'est-à-dire l'universalité du vrai.

Nous avons sur ce point le témoignage

même des étrangers, si ce n'est des ennemis. Combien de fois la philosophie elle-même n'a-t-elle pas dit et redit par la voix de ses interprètes les plus éloquents : Le catholicisme contient toute vérité. Écoutez surtout ces étonnantes paroles d'un rationaliste contemporain proclamant lui-même avec éclat la plénitude de la vérité catholique. « Il y a un petit livre qu'on fait apprendre aux enfants, et sur lequel on les interroge à l'église ; lisez ce petit livre ; vous y trouverez la solution de toutes les questions que j'ai posées, de toutes sans exception. Demandez au jeune chrétien d'où vient l'espèce humaine ? où elle va ? comment elle va ? Demandez à cet enfant pourquoi il est ici-bas, et ce qu'il deviendra après sa mort ? Comment le monde a été créé et à quelle fin ? Comment la terre a été peuplée ? Si c'est par une seule famille ou si c'est par plusieurs ? Pourquoi les hommes parlent plusieurs langues ? pourquoi ils souffrent ? pourquoi ils se battent les uns contre les autres ? et comment tout cela finira ? Origine du monde, origine de l'espèce, question des races, destinée de l'homme en cette vie et en l'autre, rapports de l'homme avec Dieu, devoirs de l'homme envers ses semblables, droits de l'homme sur la création : cet enfant n'ignore rien de tout cela. Et quand il sera homme, il n'hésitera pas davantage sur le droit naturel, sur le droit politique, sur le droit des gens ; car tout cela sort et découle avec clarté et de soi-même du christianisme. Voilà ce que j'appelle une grande religion ; je la reconnais à ce signe qu'elle ne laisse sans solution aucune des questions qui intéressent l'humanité. »

Qui le croirait, Messieurs ? l'homme qui a rendu à la doctrine chrétienne cet hommage digne de son grand esprit ; cet homme qui avait senti à côté de cette doctrine si en harmonie avec l'esprit humain le vide immense qu'y laisse toute philosophie ; cet homme qui, venu après tant d'autres ouvriers infatigables pour élever enfin l'édifice de la philosophie, s'écriait en regardant ses fondements : « Toute la philosophie était dans un trou où l'on manquait d'air, et où mon âme récemment exilée du christianisme étouffait ; » cet homme, lui aussi, entreprit de faire mieux que la révélation chrétienne ; et il mourut entre les regrets de son christianisme perdu et le désespoir de sa philosophie inachevée ; léguant à la postérité, comme vestige de son passage, quelques jets d'intelligence et quelques reflets de style ; mais au fond, pour rassasier l'âme humaine et pour diriger les esprits, ne laissant après lui que ce que laissent les philosophes les plus heureux, des fragments ; fragments épars surnageant sur la grande mer du doute ; épaves de la vérité, qu'il croyait tenir de son génie, et qui n'étaient encore que les débris de ce christianisme demeurés dans son âme même après le naufrage de sa foi.

Nous avons vu jusqu'ici comment la doctrine catholique satisfait à trois grandes conditions d'une doctrine directrice des intelligences : elle est la vérité trouvée qui se montre ; elle est la vérité certaine qui s'affirme ; elle est la vérité totale qui se pose dans sa plénitude.

Mais, Messieurs, veuillez le remarquer ; alors même qu'on est en possession de la vérité trouvée, certaine, complète, tout n'est pas fini : il faut pour le progrès de l'esprit humain pouvoir la faire accepter des intelligences ; il faut qu'elles consentent à venir s'asseoir à ce festin où chacune en particulier et toutes à la fois puissent trouver pour se nourrir toute la substance de la vérité. C'est peu de posséder la vérité même entière, si l'on n'a ce qu'il faut pour la faire accepter de tous ; c'est peu de faire pour son propre compte la plénitude dans la doctrine, si l'on ne fait pour les autres et pour tous l'unité des esprits. Comment cette doctrine, si complète et si substantielle, pourra-t-elle être l'aliment des âmes et le progrès de l'esprit humain, si les intelligences ne consentent à se l'assimiler et à vivre de sa vie ? Là donc est surtout le grand problème qu'il faut résoudre pratiquement pour l Progrès du monde : faire que tous les hommes, ou du moins le plus grand nombre possible, viennent s'unir dans la vérité trouvée, certaine et totale. En un mot, Messieurs, réaliser la fraternité des esprits par l'unité de la doctrine, tel est le grand œuvre de la philosophie directrice des intelligences.

Mais comment se réalisera cette unité dans

la vérité sans laquelle il ne peut y avoir de progrès général pour l'esprit humain? Comment amener tant de pensées à s'accorder au sein de la même doctrine? comment déterminer tant de libres intelligences à s'unir dans le vrai à toutes les intelligences? Sera-ce par la force persuasive de l'éloquence? Sera-ce par la force innée de l'évidence? Sera-ce par la puissance arbitraire d'une autocratie ou d'une dictature philosophique?

Par la puissance de la persuasion? par la force de l'éloquence? Vous êtes le plus éloquent des hommes; vous êtes le plus orateur des philosophes; vous êtes le Cicéron de la philosophie : sans doute vous n'aurez qu'à ouvrir vos lèvres pour enchaîner à votre intelligence toutes les intelligences! Ah! si vous étiez sur la terre le seul éloquent, et si tous les hommes pouvaient subir tous à la fois l'ascendant de votre parole, peut-être vous pourriez l'espérer ce miracle impossible : mais que d'éloquences prêtes à lutter contre votre éloquence! que de paroles mises par les passions au service de l'erreur feront sentir à votre philosophie les blessures du combat! Vous comptiez rallier à votre pensée triomphante l'élite des intelligences pour en faire, vous à leur tête, *l'avant-garde de l'esprit humain* : les intelligences conspirent contre vous ; et dans ce combat où la parole lutte contre la parole et où le génie est aux prises avec le génie, vous verrez la poussière du combat soulevée de toutes parts obscurcir votre atmosphère ; et malgré le prodige de votre éloquence et la vérité de votre système, votre philosophie demeurer dans sa solitude, attristée au spectacle de la division des esprits et des débauches de l'erreur.

Comment donc s'accomplira-t-elle cette unité des esprits ? Sera-ce par la force intime de l'évidence ? Mais de quelle évidence s'agit-il, je vous prie ? Est-ce de l'évidence des vérités premières, dont le rayonnement éclaire l'intelligence de cette lumière fatale qui constitue le sens commun ? Mais alors à quoi bon une philosophie pour enseigner à tous ce que personne ne peut ignorer ? S'agit-il de l'évidence dérivée par le raisonnement humain ? Ces vérités qu'il faut faire accepter s'étendent-elles au delà de la sphère où le sens commun retient les intelligences dans une communauté nécessaire? Mais alors, comment espérer pour vous seul un miracle qui ne s'est jamais vu et qui en réalité ne peut pas être? Comment la seule attraction de vérités qui ne sont pas évidentes par elles-mêmes ferait-elle converger vers un même centre toutes ces intelligences que la liberté peut faire diverger en tous sens?

Comment s'accomplira ce phénomène si difficile, si rare, si inouï de l'unité des esprits et de la fraternité des intelligences? Sera-ce par la puissance dictatoriale de l'autorité? Quoi! pour fonder la libre unité de la doctrine invoquer le secours d'une autocratie? Mais est-ce qu'il n'est pas de l'essence de la philosophie proclamée par vous-mêmes d'exclure du domaine de la pensée l'intervention de toute autorité? Est-ce que la philosophie, de votre propre aveu, n'est pas l'affranchischissement de toute autorité? Est-ce qu'elle ne se proclame pas elle-même l'autorité des autorités? Dès lors, comment un philosophe peut-il prétendre à l'honneur d'imposer sa pensée à un autre philosophe? Est-ce que l'autorité d'une philosophie n'est pas l'autorité de toute philosophie? Et que serait cette unité dictatoriale dans l'ordre philosophique, si ce n'est la confiscation même de la philosophie?

Vous le voyez ; rassembler les intelligences éparses dans l'humanité au giron de la même doctrine pour les faire s'embrasser au sein de la vérité, ce n'est pas une médiocre entreprise ; et selon toutes les prévisions, le génie de l'homme aura peu de chances d'y réussir. Et cependant, Messieurs, dans cette entreprise humainement si impossible, une doctrine a réussi. Quelle qu'en soit la cause directement efficace, le fait existe ; le prodige est accompli dans la doctrine catholique ; et il n'y a pas de plus grand spectacle à contempler dans le monde intellectuel. Deux cent millions d'intelligences, à l'heure qu'il est, vibrent toutes ensemble à l'unisson de la même et invariable vérité ; et chaque génération, depuis le Calvaire, reçoit et redit l'écho toujours nouveau de cette harmonie des esprits retentissant toujours la même à travers tous les bruits de l'espace et du temps. Ah ! Messieurs, si vous aimez les grands spectacles des âmes se montrant dans la lumière, quel spectacle pour vous égale ce spectacle? Si vous aimez les grandes harmonies, si vous les aimez d'autant plus qu'elles s'élèvent davantage vers les pures régions de l'esprit, de l'infini et de l'idéal; quelle harmonie pour vous comparable à cette harmonie? Qu'est-ce que cent, qu'est-ce que mille, qu'est-ce que dix mille, qu'est-ce que cent mille artistes conspirant de leur souffle, de leur voix et de leur génie au plus gigantesque effet du plus beau et du plus vaste de tous les concerts, devant ces millions et ces millions d'intelligences redisant avec l'accent d'une conviction pareille et d'une foi identique le *Credo* séculaire de la vérité totale? Où trouver de cette harmonie un écho digne d'elle? Où trouver de ce spectacle un reflet digne de lui, si ce n'est dans ce spectacle et ce chœur immense de la nature, où tous les êtres que Dieu a créés pour glorifier son nom, de tous les bouts de l'univers et de tous les abîmes de la création, s'unissent en un même concert, et dans leurs silences comme dans leurs bruits disent et redisent comme une seule voix le *Credo* de toute créature : *Je crois en Dieu le Père tout-puissant, créateur du ciel et de la terre?*

Ah! si la nature est admirable lorsqu'elle dit, sans qu'aucune voix fasse entendre un désaccord, ce *Credo* unanime de la création matérielle : combien est plus admirable encore le *Credo* de la catholicité! Nous, catholiques, frères et sœurs par la doctrine une et fraternelle, nous disons le *Credo* de la création spirituelle, dans une harmonie d'autant plus belle et d'autant plus ravissante que ce concert est un concert d'intelligences et de libertés. Nous sommes la famille universelle des intelligences; nous sommes frères, vous dis-je, frères par la pensée, tous redisant ensemble dans l'accord le plus parfait la parole du Père qui nous a parlé par son Fils. Et ainsi nous réalisons aussi grande et aussi douce qu'elle peut être sur la terre l'unité et la fraternité des esprits. Non-seulement nous croyons sans hésiter; non-seulement nous croyons tout; nous croyons tous et nous croyons tous ensemble. Chacun de nous vit et se sent vivre par la pensée dans l'intelligence de je ne sais combien de millions de frères.

D'un bout de l'espace à l'autre, d'une extrémité de la durée à l'autre, nous nous parlons, nous nous répondons, nous nous comprenons. La foi entière, la foi rayonnante, la foi unanime, la foi fraternelle, pareille à une électricité mystérieuse, porte à toutes nos intelligences éparses comme des étoiles dans le firmament des âmes, le même tressaillement de la vérité, affirmée d'une même certitude et embrasée d'un même amour; heureux de sentir dans ce tressaillement universel l'attestation de la vie; plus heureux encore de porter, dans le sein de cette unité, le mouvement de la puissance et de la fécondité.

La fécondité! c'est là surtout, Messieurs, le signe auquel vous reconnaîtrez la doctrine progressive; la fécondité, c'est-à-dire la vie de la doctrine circulant dans les consciences, dans les institutions, dans les sociétés, dans les mœurs, et avant tout dans les intelligences. Que toute philosophie qui n'a d'autre but que la gloire du philosophe, se taise et ne nous parle plus; que toute école qui n'existe que pour se vanter, s'étaler, s'admirer, se

retire et nous laisse ; que toute doctrine qui
ne se sent pas la puissance de pénétrer au cœur
de la société, au sanctuaire intime du foyer
domestique et au sanctuaire plus intime encore de la conscience humaine, pour y féconder
l'âme, la famille, la société, n'aspire pas à
l'honneur de guider l'humanité. L'esprit
humain veut une doctrine qui soit, non son
amusement, mais son aliment ; non le charme
de ses loisirs, mais le ressort de sa vie ; une
doctrine qui ne se contente pas de captiver le
savant à l'école ou à l'Académie, et de couronner de sa main le front de ses lauréats ;
mais une doctrine qui marque l'humanité
entière du signe de son efficacité et laisse
partout les vestiges glorieux de sa fécondité.

Or, je le demande, la doctrine catholique
a-t-elle assez donné sous ce rapport la preuve
de sa puissance ? A-t-elle été féconde et garde-
t-elle encore aujourd'hui le signe de sa fécondité ? Messieurs, poser cette question, non
comme un défi jeté au rationalisme, mais
comme un problème à résoudre, ce serait
insulter à la majesté d'un fait qui domine
l'histoire et aujourd'hui encore s'impose avec

une impérieuse autorité. Si je voulais donner à cette vérité tout l'éclat de son évidence, qu'aurais-je à faire que de vous rappeler ce que depuis dix ans je m'efforce de graver dans vos âmes, la divine efficacité de la doctrine catholique pour résoudre tous les problèmes que l'humanité se pose et satisfaire à tous les besoins qui la travaillent? Notre thèse générale : *Le Progrès par le christianisme*, qu'est-ce autre chose que la démonstration successive de la puissance de cette doctrine pour féconder sous toutes ses faces l'humanité régénérée? Est-ce que tout ce qui se fait de grand, de fort et de fécond dans le christianisme ne vient pas primitivement du fond intime de son dogme? Et l'institution catholique, qui apparaît comme la cause immédiate de ses œuvres miraculeuses, est-elle autre chose elle-même qu'une floraison et un fruit de sa propre doctrine?

Et d'abord, je pourrais dire que ce qui marque notre doctrine du signe indélébile de la fécondité, c'est sa puissance toujours jeune pour produire les institutions qui glorifient Dieu en réjouissant les hommes. Institutions prodigieuses, qui naissent de la semence des doctrines répandues dans les âmes par la prédication de la vérité, et fécondées partout où elle tombe par l'action de l'amour ; institutions providentielles, croissant en silence sous le souffle de Dieu, comme ces grands arbres qui montent et montent encore, en étendant autour d'eux leurs rameaux généreux, abritant les oiseaux battus par la tempête et abaissant jusqu'à la main du voyageur le fruit qui étanche sa soif ou rassasie sa faim. Et avec la fécondité de la doctrine se déployant dans les institutions sociales, je pourrais, en pénétrant plus avant dans la vie humaine, vous y montrer une fécondité plus puissante encore pour en faire éclore toutes les moissons de vertus et mûrir tous les fruits de sainteté. Féconde, en effet, dans l'ordre social, pour créer les institutions salutaires, elle l'est bien autrement pour créer les mœurs populaires, les vertus du grand nombre et l'héroïsme des saints. Je vous ai montré un jour cette puissance du christianisme pour produire la sainteté ; or, pour quiconque sait voir les causes à travers les effets, et cherche dans le fond la racine des choses qui éclatent à la surface, cette beauté sans pareille de la vie des saints est une fleur ravissante de la vérité ; c'est un fruit tombé, à travers les âges, du grand arbre de la doctrine, mûri à tous les soleils et multiplié sur tous les rivages. Jamais il n'y eut dans la catholicité une vertu exceptionnelle, jamais une sainteté héroïque, jamais un miracle d'abnégation et de sacrifice, qui n'ait trouvé sa racine et puisé sa sève au plus intime de la doctrine du Christ enseignée par l'Église.

Je me contente de rappeler ici ces miracles de fécondité morale et sociale qui ne sont pas directement du sujet de cette année, pour insister sur une autre fécondité qui est notre sujet lui-même, la fécondité intellectuelle. Le christianisme doctrinal féconde les intelligences ; il les féconde en haut, il les féconde en bas ; et le peuple comme les philosophes y trouvent dans leur sphère la vie et la force respective de leur intelligence.

La doctrine catholique crée des savants et développe le génie comme aucune autre doctrine ne l'a jamais fait sur la terre; elle est même, sous le rapport purement intellectuel, la terre féconde des véritables grands hommes. La catholicité, vue sur ces hauteurs intellectuelles, montre au monde dans l'espace et la durée le plus vaste corps de génies couronnés de lumière qu'il soit possible d'imaginer. C'est le plus beau collège de vastes esprits, le plus grand concile de nobles intelligences, la plus prodigieuse académie de la science, de l'érudition et de la littérature que l'on ait jamais vue. J'avais songé à vous faire passer devant cette longue galerie de chrétiens illustres qui décore depuis dix-huit siècles le temple de la science et le musée de l'histoire; le temps ne l'a pas permis. Mais, Messieurs, évoquez vos souvenirs ; réunissez sous un seul regard tout ce qu'ils vous apportent du fond des siècles. Rappelez-vous seulement ce que vous montrait naguère sur un seul coin de ce tableau immense l'auteur des *Moines d'Occident*, grand chrétien illustré lui-même par le savoir et l'éloquence ; et vous pourrez deviner ce que serait pour vous la contemplation du spectacle tout entier. Et tandis que notre doctrine agrandit le génie dans les hommes illustres, elle fait un prodige encore plus digne d'admiration, elle féconde de sa vie la grande âme populaire en y développant d'une manière étonnante ce génie du peuple qui s'appelle le bon sens. C'est un fait singulièrement remarquable, que la puissance du bon sens populaire dans les nations formées sous la seule influence du catéchisme et de la prédication. Là, même sans culture scientifique, même sans ce vulgaire contingent et ce menu bagage d'instruction primaire qu'un libéralisme despotique rêve de rendre obligatoire, le peuple comprend à première vue et souvent devine d'instinct tous les principes conservateurs ; et sa naïve et franche parole a des éclairs de vérité qui attestent une intelligence épanouie dans le vrai, et qui pourraient étonner plus d'une illustration de l'Institut et plus d'un lauréat de l'Académie.

Et maintenant, si vous me demandez d'où vient ce germe de fécondité que la doctrine catholique porte à jamais dans ses entrailles ; d'où sortent ces fruits d'institutions sociales, de vertus morales, et surtout de progrès intellectuel dans le peuple et dans les savants, je vous réponds d'un seul mot : C'est que cette doctrine, dans son fond le plus intime, porte le germe de toute fécondité : elle enseigne l'abnégation, elle est elle-même dans son ensemble la doctrine de l'abnégation ; elle révèle le sacrifice et elle fait naître l'amour ; l'amour qui produit dans la mesure où il s'arrache à lui-même pour sortir de lui-même ; l'amour qui est fécond, non-seulement en vertus et en institutions, mais fécond dans la sphère du vrai ; l'amour qui est le progrès dans la vérité par l'oubli de soi-même. Cette pensée trouverait fermées les âmes vulgaires et adoratrices d'elles-mêmes ; mais elle trouvera ouvertes, j'en suis certain, les nobles âmes et les grandes intelligences si nombreuses dans cet auditoire. Oui, les âmes assez généreuses pour deviner tout ce qu'il y a dans cette parole : s'oublier, sortir de soi, comprendront ce que je veux faire entendre ici ; à savoir que le plus puissant ressort du progrès intellectuel, c'est l'amour de Dieu et de la vérité poussé jusqu'au total oubli de soi-même pour la glorification de Dieu et de la vérité. N'avez-vous pas remarqué, Messieurs, la profonde analogie qui existe entre l'amour et l'intelligence ; entre ces deux mots : comprendre et se dévouer ? D'un côté comme de l'autre il faut sortir de soi; il faut saisir, il faut étreindre, il faut embrasser autrui. Celui-là seul qui a le courage de s'arracher tout à fait à lui même est digne de pénétrer au fond intime de la vérité; seul il y peut lire dans la lumière combinée de l'intelligence et de l'amour ces secrets des choses et de Dieu qui échappent aux regards des intelligences retournées sur elles-mêmes et ne voyant qu'elles-mêmes. Ce qui nous empêche de lire d'un pur et pénétrant regard dans l'intime des choses, c'est le moi, le moi qui arrête, le moi qui obscurcit, et au lieu du fond limpide ne nous laisse voir que des surfaces troubles que l'on prend pour des profondeurs. L'égoïsme est l'éternel ennemi de la science comme de la vertu; et le moi est dans les esprits ce qu'il est dans les cœurs, le ver rongeur de la vie.

Et voilà, Messieurs, ce qui rend particulièrement fécondes les intelligences vraiment chrétiennes : c'est que leur christianisme tue leur égoïsme. Il y crée le dévouement intellectuel, si j'ose employer ce mot; cette rare et sublime passion de sortir de soi et de ses propres ténèbres pour disparaître dans la clarté des choses et les rayonnements du vrai. Poussée par cet énergique ressort qui s'appelle le dévouement, la pensée sort d'elle-même d'un élan spontané ; elle prend son vol, comme l'aigle, vers les régions de la lumière et voit resplendir devant elle les horizons de la vérité. Au lieu de se chercher, elle se fuit pour s'éclairer à son soleil. Tel est le penseur chrétien dans le placide et royal désintéressement de lui-même. Son intelligence ouvre les yeux pour voir non elle-même, mais la vérité. Sa pensée n'est pas un regard qui se perd dans le vide ou s'éblouit lui-même ; c'est le rayon qui remonte à son foyer pour y renouveler ses splendeurs et agrandir ses clartés. Mystère de simplicité qui seul rend l'œil lumineux et le regard profond ; mystère d'humilité qui seul élève l'âme et rend la pensée sublime ; mystère d'abnégation qui seul fait sortir de soi et rend le génie fécond !

Quoi ! dites-vous, les clartés de la science par la simplicité ? Oui, Messieurs, comme pour un œil simple tout corps est lumineux. Quoi ! le sublime dans la science jaillir de l'humilité ? Oui, comme l'eau par sa propre loi remonte à la hauteur d'où elle s'est abaissée. Quoi! la fécondité des intelligences sortir de l'oubli et de l'anéantissement de soi-même? Oui, comme l'épi fécond sort du grain enseveli dans la terre, et tire de sa mort elle-même tous les germes de sa vie. Oui, l'humilité fait ce prodige; elle porte le génie de l'homme sur les hauteurs sereines où la vérité se découvre à lui pure comme l'azur du ciel, brillante comme son soleil. Oui, la simplicité du Christ fait ce miracle; elle rend pour l'intelligence transparent comme le cristal le corps entier de la vérité. Oui, l'oubli de soi montre ce spectacle le plus digne de l'admiration des hommes : le génie sortant de lui-même pour répandre autour de lui, avec les parfums de sa vie, et ses fleurs et ses fruits. O humilité! ô simplicité! ô abnégation! Si le génie voulait vous comprendre, il saurait, à ne plus l'oublier, pourquoi la doctrine catholique est féconde.

Mais, Messieurs, ce qui décide tout dans la doctrine directrice de l'humanité, c'est la puissance de durer, c'est la permanence. La doctrine qui la doit guider dans sa route n'est pas pour un jour, pour un siècle; elle est pour tous les jours et pour tous les siècles de sa vie. L'humanité n'est pas appelée à se recommencer sans cesse elle-même; elle n'est pas destinée à dévorer chaque jour ses doctrines et ses œuvres de la veille pour n'aboutir jamais qu'à des démolitions et à des reconstructions. Comme tout ce qui est, comme tout ce qui vit, comme tout ce qui se meut, comme tout ce qui avance, il lui faut un mouvement avec des points fixes, une marche selon des lois stables. Et qu'est-ce qui lui donnera son élément de permanence et de stabilité, si ce n'est ce qui est surtout l'élément stable de la vie, les doctrines, les principes, la vérité enfin? Arrière donc ces doctrines du progrès à rebours qui déclarent que tout, même dans la religion, est soumis à la fatalité du changement, tout, excepté le *sentiment;* le sentiment, c'est-à-dire précisément ce qu'il y a de plus fugitif, de plus mobile, de plus capricieux et de plus changeant dans la nature humaine. Non, telle ne peut pas être la doctrine appelée à gouverner le monde et à diriger sa course. Pour aspirer à l'honneur de guider une humanité qui a des destinées longues comme la durée, et pour qui chaque siècle n'est qu'une heure de sa vie, il faut ce qui triomphe des siècles et de la durée, il faut l'invincible force de la permanence.

Eh bien! Messieurs, qu'en pensez-vous? avons-nous une doctrine qui ait fait ses preuves au point de vue de la durée, et qui aujourd'hui encore se montre capable de vivre et de nous guider dans l'avenir? Oui, Messieurs, cette doctrine existe, et vous n'avez pas même besoin de la chercher : la voici qui brille de son antique et inaltérable éclat dans la publicité du siècle, comme le soleil dans la publicité de notre monde planétaire. Il n'y a pour nous depuis six mille ans qu'un seul soleil dans la nature; et aujourd'hui, comme il y a six mille ans, tout dans notre monde s'éclaire par sa lumière, s'échauffe par sa chaleur, se féconde par sa vie et se meut sous son attraction. Il n'y a qu'un soleil aussi dans le monde des intelligences; et comme il suffisait hier, il suffit aujourd'hui et il suffira encore demain : car ce soleil de la doctrine qui nous illumine, nous échauffe et nous attire, c'est le Christ lui-même; et le Christ était hier, il est aujourd'hui, et il sera dans tous les siècles.

Un jour, des hommes sont venus pour nous apporter un nouvel Évangile ; ils venaient, disaient-ils, apprendre au XIXe siècle *comment les dogmes finissent*. Or ce dogme qui allait finir, le voici qui se pose et s'affirme devant vous dans l'invincible sentiment de sa vie et de sa puissance ; le voici sans contredit plus maître des intelligences qu'il ne l'était à l'heure où retentissaient ces prophéties ; prophéties insolentes, qui annonçaient à la fois et la mort du dogme que nous prêchons, et les funérailles de l'institution au nom de laquelle nous vous parlons, et l'irréparable dispersion des disciples de la doctrine morte et de l'institution disparue. Oui, nous tous catholiques, à entendre leurs paroles si fières et leurs oracles si sûrs, nous n'avions plus qu'à nous envelopper du linceul de la mort, et à dormir notre sommeil dans le sépulcre du dogme et dans les catacombes de l'histoire sous les ruines de nos doctrines et de nos institutions. Nous voici cependant ; nous voici debout et fermes dans la vie. Il est vrai, on dit que nous sommes des morts; mais nous sommes des morts qui parlent, des morts qui agissent, des morts qui se meuvent, des morts qui vivent. Nous sommes des morts, et, chose étonnante, on a peur de nous, plus peur que si nous étions vivants. Revenants de dix-huit siècles, nous donnons encore à ce siècle des peurs d'enfants; car il dit que nous allons l'envahir, le dominer, l'asservir, le dévorer; et il demande qu'on ôte ces cadavres qui l'empêchent de passer et qu'on chasse ces revenants qui l'empêchent de dormir. Qu'est-ce à dire? Ah! Messieurs, c'est que, bon gré malgré, ici encore le mensonge est forcé de se mentir à lui-même. Il dit que la doctrine se meurt, que l'institution s'écroule et que nous sommes cadavres; mais un instinct plus fort que tout lui révèle que nous sommes vivants, que l'institution est vivante, que la doctrine surtout est vivante; oui, vivante, je l'affirme; plus vivante que jamais, et comme telle aujourd'hui et demain encore capable de marcher à la tête de l'humanité pour la guider vers des perfections et des grandeurs toujours nouvelles. Que dis-je?

Non-seulement notre doctrine n'est pas morte, elle n'est pas même blessée. Il y a bientôt deux mille ans qu'elle passe sous le feu croisé et toujours ardent de toutes les erreurs; il y a bientôt deux mille ans qu'elle reçoit, jour par jour et heure par heure, toutes les flèches aiguës et souvent empoisonnées des doctrines antichrétiennes; il y a bientôt deux mille ans qu'elle est en but, d'un bout du monde à l'autre, aux traits enflammés de toutes les passions et de tous les pervers instincts de notre humanité : eh bien ! voici la doctrine entière, immaculée, forte, invulnérable. Votre feu n'a pu l'atteindre; vos flèches ne l'ont pu blesser; et vos traits n'ont pas même su trouver le défaut de sa cuirasse. Dans sa jeunesse toujours renouvelée par les siècles, et dans sa force toujours multipliée par le combat, elle tient encore dans ses bras l'humanité qui grandit sur son sein, et elle l'emporte vers l'avenir en lui disant avec le Verbe lui-même : N'ayez pas peur, je suis avec vous jusqu'à la consommation des siècles.

SIXIÈME CONFÉRENCE

SIXIÈME CONFÉRENCE.

DÉCADENCE INTELLECTUELLE

PAR LA PHILOSOPHIE RATIONALISTE.

Messieurs,

La philosophie rationaliste, tout en reconnaissant que la philosophie chrétienne a rendu à l'esprit humain des services éclatants, la déclare désormais insuffisante pour guider dans l'avenir le progrès des intelligences. Nous avons vu, dans notre dernière conférence, comment au contraire la doctrine qui a fait jusqu'ici grandir l'esprit humain, réunit aujourd'hui comme toujours les conditions que doit avoir une philosophie qui aspire à la gloire de marcher à la tête des intelligences. Cette doctrine est la démonstration ou l'exposition de la vérité possédée; elle est l'affirmation de la vérité certaine; elle est l'abrégé de la vérité pleine; elle est l'unité et la fraternité dans le vrai; elle est féconde, parce qu'elle a dans la révélation du sacrifice le germe de la fécondité; elle a enfin dans son indéfectible vie la garantie de la permanence et de la durée. La réunion de ces six conditions dans la doctrine catholique explique son efficacité toujours ancienne et toujours nouvelle pour diriger et agrandir l'esprit humain. L'humanité est toujours l'humanité; les transformations qui semblent la faire si différente d'elle-même atteignent encore plus sa surface que son fond; et il est impossible qu'une doctrine qui eut dans les siècles passés avec ses besoins les plus intimes des harmonies si profondes, soit jamais convaincue d'insuffisance pour la conduire vers ses destinées futures.

Il nous reste à rechercher si la philosophie, de son côté, réunit les mêmes conditions et si elle est réellement pour guider l'esprit humain aussi suffisante qu'elle se déclare elle-même. La philosophie contemporaine a annoncé bien haut son ambition d'exercer sur les âmes le ministère spirituel. Elle prétend recevoir des mains du christianisme une humanité désormais trop grande pour être guidée par lui seul. Certes, Messieurs, c'est là une ambition qui suppose une grande force. Un tel dessein avec de petites ressources ne serait qu'une folie insigne. Le christianisme a fait ses preuves; il a montré par les faits qu'il peut conduire l'humanité dans la voie de toutes ses grandeurs. Nous parlons de sa suffisance divine en toute humilité chrétienne, parce que, pas plus que vous, nous n'avons mis la main à cette grandeur séculaire. La philosophie fait des promesses qui ne manquent pas, même dans ses plus modestes représentants, d'une certaine solennité. Ceux qui font ces promesses ne se désintéressent peut être pas assez eux-mêmes de cet avenir qu'ils nous annoncent : car cette philosophie dont ils prophétisent les miracles est leur philosophie. Au fond, cette grande doctrine qui se prépare humblement à remplacer le catholicisme, ce sont quelques philosophes, n'ayant de leur aveu d'autre mission que celle de leur génie. Ils ne peuvent trouver mauvais que nous demandions la vérification de leurs titres au sacerdoce des âmes, et que nous recherchions si la philosophie peut, comme le christianisme, garantir le progrès de l'esprit humain et se poser désormais comme la directrice de l'humanité.

On me croira, je pense, lorsque je déclare que je ne songe nullement à me poser en ennemi de la philosophie, et beaucoup moins encore en ennemi des philosophes. J'aime la philosophie ; j'aime cette noble application de l'intelligence à tous les problèmes qui préoccupent l'esprit humain ; j'aime particulièrement les esprits supérieurs qui savent porter dans cette sphère élevée la passion de la vérité et le désintéressement d'eux-mêmes. Il ne s'agit donc pas d'attaquer ici ni les philosophes ni la philosophie ; il s'agit de montrer ce qui résulte de la force des choses. Si des hommes vivants croyaient sentir le contre-coup de ma parole, ils voudront bien croire que j'ai une ambition plus généreuse que celle de contrister des hommes : l'ambition de glorifier la vérité, qu'il faut aimer encore plus que les hommes. Je vais donc essayer en toute bienveillance, mais aussi en toute liberté, de montrer l'insuffisance de la philosophie purement humaine pour guider l'esprit humain, et l'aider elle-même à faire sur ce point un examen de conscience aussi impartial que possible. Notre marche est tracée par la dernière conférence ; nous n'en suivrons pas d'autre.

Nous l'avons vu, Messieurs, le premier caractère qui rend la philosophie chrétienne essentiellement populaire et capable de faire l'éducation de l'intelligence humaine, c'est qu'elle est avant tout une démonstration et une exposition de la vérité possédée ; elle est la vérité qui se montre à l'intelligence comme le soleil aux yeux. Or, ce qui rend la philosophie purement humaine incapable de guider l'humanité, c'est qu'elle suit dans son procédé général une marche diamétralement opposée. Au lieu de se poser comme la démonstration de la vérité possédée, elle se pose comme la recherche de la vérité à découvrir. Qu'est-ce que la philosophie? Quel est l'objet de la philosophie? Quelle est la sphère propre de la philosophie? Quel est le but direct et immédiat de la philosophie? A ces questions philosophiquement fort capitales, les philosophes eux-mêmes répondent d'une manière infiniment variée; et ce n'est pas une des moindres misères de la philosophie humaine que cet embarras, si ce n'est cette impuissance, de se bien concevoir et de se bien définir elle-même. Quoi qu'il en soit, il est un mot où tous les philosophes qui font abstraction de toute révélation se rencontrent à peu près; ce mot est celui-ci: *recherche;* la philosophie, dans la pensée de tous, est une *recherche de la vérité par la raison.*

Et voilà tout d'abord, au point de vue du progrès des intelligences, le vice radical de toute philosophie purement humaine. C'est qu'elle est avant tout, ou plutôt elle est uniquement la recherche de la vérité. La recherche de la vérité est l'essence de la philosophie : elle est tellement sa vie propre, que si vous la supposiez en possession de ce qu'elle poursuit elle n'aurait plus de raison d'être. Si un système venait à prévaloir entre tous les systèmes, et à prendre des intelligences une possession exclusive, elle considérerait ce système comme un tombeau pour elle-même; n'ayant plus à chercher elle n'aurait plus rien à faire. Aussi elle ne veut pas qu'un système doctrinal se donne, à quelque titre que ce soit, pour la vérité philosophique complétement possédée : elle veut chercher, chercher aujourd'hui, chercher demain, chercher toujours. Et nous avons parmi nous des penseurs qui réalisent et adoptent cette formule : la recherche pour la recherche; comme on dit : *l'art pour l'art*. Ainsi la philosophie se conçoit et se définit elle-même; et son histoire ressemble à sa définition. Qu'est-ce que l'histoire de la philosophie, si ce n'est un perpétuel effort pour *trouver*, l'esprit humain en marche pour découvrir? Qu'est-ce que l'histoire de la philosophie, si ce n'est une immense caravane de voyageurs traversant mille sentiers obscurs pour arriver à la lumière? Qu'est-ce que l'histoire de la philosophie, si ce n'est la grande armée des philosophes faisant aujourd'hui encore ce qu'ils faisaient déjà avant saint Paul : apprenant toujours, sans arriver jamais à la connaissance de la vérité : *semper discentes, et ad scientiam veritatis nunquam pervenientes?* Mais, ô infatigables chercheurs, depuis quand cherchez-vous donc? et jusqu'à quelle heure prétendez-vous chercher encore? — Nous cherchons depuis plus de trois mille ans : depuis ce temps nous avons remué en tous sens la terre toujours agitée de la science humaine ; nous avons creusé tous les abîmes de Dieu, de l'homme et de la création ; nous avons posé toutes les questions, construit tous les systèmes, essayé toutes les solutions et épuisé une à une toutes les philosophies. — Et vous n'avez pas trouvé encore ? Vous n'avez pas constitué définitive et complète cette doctrine dont l'humanité a besoin pour vous suivre sur la route de ses destinées? — Non, pas tout à fait ; mais patience, nous y touchons : voici que l'esprit humain entre en possession de lui-même ; nous avons brisé par la main de Descartes la chaîne qui nous tenait captifs ; nous allons ouvrir à l'esprit humain les grandes routes de la pensée et les portes de l'avenir.

Tel est, Messieurs, le *desideratum* éternel de la philosophie aspirant à guider seule l'esprit humain : elle cherche toujours, et toujours elle va trouver ce qu'elle cherche. Le dernier venu des philosophes a toujours à son service un génie qui n'échut à aucun autre, un secret inconnu de tous, un procédé dont personne encore ne s'était avisé. C'est là sa grande puissance pour séduire l'humanité et se tromper elle-même : elle en appelle à l'avenir ; la lumière va toujours se lever ; elle en découvre au loin les premières lueurs. En attendant l'heure des grandes illuminations et le plein jour dont la philosophie montre déjà l'aurore à l'horizon qui s'éclaire, l'humanité vit comme elle peut de l'héritage du sens commun, que la philosophie sait quelquefois perdre pour son propre compte, mais qu'elle n'est pas en puissance de lui ravir tout à fait. Elle vit de ses traditions, elle vit de sa foi, elle vit de son bon sens ; elle vit intellectuellement et moralement sans la philosophie et malgré la philosophie, convaincue mille fois d'impuissance pour conduire les nations dans leurs voies ; parce qu'au lieu d'être une démonstration et un développement de la vérité trouvée et possédée, la philosophie, comme l'attestent ensemble et son histoire et sa définition, n'est jamais qu'une recherche de la vérité ; trop heureuse encore alors qu'elle n'est pas une conquête de l'erreur !

La seconde impuissance de la philosophie purement humaine dans la direction des esprits, c'est l'impuissance de créer dans les intelligences la certitude absolue. La plupart des hommes qui se posent en philosophes ont un dogmatisme apparent qui trompe les multitudes. La vérité est que la plupart ne sont sûrs à peu près de rien. Quand on a pu entendre non leur parole publique, mais leur parole intime, on est effrayé de voir qu'au fond de ces intelligences grandes quelquefois jusqu'au génie, rien ne se soutient d'une ferme et invincible certitude. Ils n'ont pas ce qui est le premier ressort des grands développements intellectuels, la fermeté dans des choses nettes. Et l'on peut dire presque toujours, après avoir vu le fond de ces âmes, ce que disait un de nos philosophes les plus distingués après un long entretien avec un penseur d'outre-Rhin : « Nous avons de nouveau agité de tristes problèmes, mon ami; rien de net, rien de net. » C'est le résumé le plus véridique du rationalisme contemporain considéré dans son ensemble : rien de net ; et nous pourrions souvent ajouter : rien de certain, rien de certain ; le doute, partout le doute.

Quelle est, en effet, à ce point de vue l'attitude générale de la philosophie ? Je ne demande pas ce que fait parmi nous tel ou tel rare philosophe. Qu'un penseur ne s'inspirant ou croyant ne s'inspirer que de sa raison, arrive à poser au fond de son intelligence quelques affirmations qu'il estime inébranlables, je ne prétends pas le nier ; mais je demande ce que fait dans son ensemble la philosophie humaine ? Que faisait-elle hier ? que faisait-elle il y a trois mille ans ? que fait-elle aujourd'hui ? Messieurs, le voici en trois mots : souvent elle nie ; plus souvent elle doute ; rarement elle affirme, j'entends d'une ferme foi et d'une certitude complète. La philosophie, dans son action générale, est l'épreuve du doute et de la négation infligée aux intelligences. Quelqu'un a dit : « Il n'y a pas une vérité qui n'ait été niée par quelque philosophe. » Certes, si ce phénomène ne s'était produit qu'une seule fois dans l'histoire de la philosophie, nous pourrions ne l'envisager que comme une dérogation de l'esprit humain, et passer outre sans y attacher plus d'importance qu'il ne faut. Mais ce phénomène se reproduit infailliblement à toutes les époques où la philosophie se déploie en dehors du christianisme. Pas une vérité, non, pas une, quelque sainte et évidente qu'elle soit, que n'atteigne et ne blesse le coup de quelques-uns de ces génies qui mettent leur orgueil dans la négation, leur gloire dans le paradoxe et leur triomphe dans le scepticisme.

Et veuillez le remarquer, Messieurs, ce qui est plus grave encore, c'est que non-seulement le doute se produit comme résultat direct de la négation de chaque vérité en particulier; l'histoire de l'esprit humain atteste que le scepticisme se produit comme résultat général et régulier des mouvements de la philosophie et des spectacles qu'elle donne à toutes les grandes époques de son développement. Ce n'est pas nous qui faisons ici le procès à la philosophie, c'est la philosophie qui dépose son bilan, et nous rend le compte sincère de ses chutes périodiques et de ses faillites séculaires. S'il faut en croire des philosophes en renom, et ils sont sur ce point infiniment croyables, en dehors de l'orthodoxie qui abrite sous le bouclier de l'autorité l'immutabilité de la doctrine et la certitude des esprits, la philosophie, à toutes ses époques, parcourt à peu près les mêmes phases, traverse les mêmes variations, pour arriver au même résultat, montrant au bout de toutes ses évolutions le même affaissement des âmes et le même découragement des intelligences dans le spectacle d'un même scepticisme.

Voici à peu près, au dire des philosophes eux-mêmes, ce qui revient toujours avec de légères nuances. L'esprit humain partant tout d'abord de la sensation commence par le sensualisme et tombe, en exagérant son point de départ, dans le matérialisme. Ou bien, prenant dans l'homme une base diamétralement opposée, il part du spiritualisme et tombe, en exagérant encore son point de vue, dans l'idéalisme. La première de ces philosophies ne veut plus voir que des corps; la seconde ne veut plus voir que des esprits. En présence de ces deux philosophies éternellement rivales, et partout divisant en deux camps l'armée philosophique, l'intelligence humaine ne sachant plus à quoi se prendre cherche à concilier ces deux extrêmes ; et repliant le drapeau du matérialisme et de l'idéalisme pur, elle va se perdre dans le panthéisme ou dans un mysticisme vague et souvent dans l'un et l'autre à la fois, et elle essaye par un suprême effort de créer l'harmonie au sein de la contradiction. Alors, le vrai et le faux, le bien et le mal se confondent ; et l'esprit humain tombe dans un scepticisme théorique et pratique où l'intelligence et la volonté se rencontrent dans un même découragement, l'une manquant de lumière pour découvrir le vrai, l'autre manquant de force pour embrasser le bien.

Je le demande, devant ces scepticismes et ces défaillances qui se renouvellent de siècle en siècle avec les phases de l'histoire philosophique, que peut-il advenir de l'esprit humain ? A quoi l'intelligence des masses pourra-t-elle se fixer ? Où prendra-t-elle des points de départ à jamais assurés, pour grandir elle-même dans le vrai, lorsqu'elle sent au plus profond de son âme le contre-coup de toutes ces négations qui vont toucher jusqu'à la racine des vérités même les plus conservatrices, les plus fondamentales, les plus nécessaires? Comment les intelligences pourront-elles demeurer debout sur leurs bases, lorsque la terre des principes tremble ébranlée sous elles par l'effort du génie? Qui ne voit que le scepticisme résultant de tant de négations doit envahir peu à peu, non-seulement la pensée des philosophes, mais l'esprit humain tout entier, pour le déraciner sans cesse, et partout et toujours arrêter sa marche dans la vérité? Il l'envahit en effet : car, selon la remarque judicieuse d'un penseur célèbre, « on ne fait pas au scepticisme sa part; dès qu'il a pénétré dans l'entendement, il l'envahit tout entier. »

Et quand cet envahissement est fait, n'attendez plus qu'une chose, la désolation et le découragement, si ce n'est le désespoir des intelligences. L'âme humaine alors devient comme une région triste et ravagée. Les splendeurs de la lumière y sont remplacées par ces lueurs blafardes qu'on voit passer sous un ciel sombre à l'approche des orages. L'âme dans ce triste état s'affaiblit et s'affaisse sur elle-même; elle perd sa joie, sa vigueur et son

énergie; elle marche à la décadence par des sentiers obscurs; trop heureuse si ces chemins sans lumière et souvent sans issue ne la conduisent pas à l'abîme! Triste et désolant état, peint en lui-même par un philosophe de ce siècle : « Alors on se trouve à vide, détaché
« d'une croyance et ne tenant plus à aucune;
« dans une indépendance d'esprit à laquelle
« on se plaît quelque temps, mais qui ne
« tarde pas à fatiguer une nature dont la fai-
« blesse ne supporte pas le doute. »

Mais, Messieurs, supposons un moment ce qui est démenti par la nature et l'histoire, à savoir la suffisance de la philosophie pour créer dans les intelligences l'affirmation et la certitude; la philosophie ne serait pas au bout : car, nous l'avons dit, ce n'est pas assez que la philosophie directrice des intelligences arrache au scepticisme et abrite sous l'égide de la certitude quelques vérités ; il faut qu'elle défende et protége toutes les vérités qu'il importe à l'humanité de connaître; il faut qu'elle compose, elle aussi, le catéchisme populaire des vérités substantielles nécessaires à la vie morale des hommes et des sociétés :

car, nous l'avons dit, l'humanité ne vit pas du tiers ou du quart de la vérité, mais de la vérité pleine.

Or, j'adjure ici la philosophie humaine de nous dire en quel pays, en quel temps, en quelle Académie, en quel Lycée, en quel Portique ancien ou moderne, elle est parvenue à créer ce symbole complet de la vérité intellectuelle, morale et religieuse ? Où donc l'a-t-elle produit ce code assez substantiel pour être l'aliment et la vie de l'esprit humain ? Quand a-t-elle abouti, ou quand espère-t-elle aboutir à autre chose qu'à l'un de ces deux résultats : ou bien donner à cet esprit humain si affamé de la vérité des fragments du vrai, ou bien lui donner toute la vérité mêlée à toutes les erreurs ?

Ah ! Messieurs, ce qui devrait rassembler sous la bannière chrétienne tous les nobles esprits qui veulent l'agrandissement de l'intelligence humaine, c'est le spectacle des plus beaux talents et même des plus illustres génies, condamnés à ne léguer à la postérité pour guider l'avenir que des fragments de doctrine, et des lambeaux de vérité dérobés par leurs efforts les plus heureux au naufrage de leurs croyances. Je ne parle pas de ceux qui, à force de doute et de négation, ne laissent rien après eux, rien que la ruine, le vide, le chaos ; je parle des meilleurs et des plus fortunés. Quand leur philosophie a réussi, voici ce qu'ils ont fait pour le bonheur du monde : ils ont détaché avec peine quelques rayons de cette lumière dont le soleil chrétien nous envoie, depuis dix-huit siècles, le rayonnement total et gratuit ; ils ont imprimé le sceau de leur personnalité et le cachet de leur talent à quelques-unes de ces vérités morales, philosophiques ou religieuses, dont l'Église garde l'ensemble sublime et populaire, et dont le génie catholique fait resplendir dans des chefs-d'œuvre les harmonies toujours nouvelles.

Telle est, Messieurs, la fatalité des philosophies même les meilleures : ramasser ou polir quelques fragments du vrai. Les philosophes qui essayent de faire mieux, ceux qui veulent tenter l'affirmation totale de la vérité, voient du jour au lendemain leur œuvre à peine apparue percée à jour par toutes les négations qui trouvent où se prendre. Il est facile de nous attaquer, car nous nous définissons; il est facile de nous saisir, car nous sommes un édifice. Mais ô philosophes, essayez de vous définir, vous serez blessés à mort; essayez surtout, essayez de construire : demain vous serez démolis. Aussi les mieux avisés n'ont garde de s'y risquer : ils évitent de construire un tout, un ensemble, quelque chose qui se laisse saisir, attaquer, ébranler, si ce n'est démolir. Ils se contentent de jeter au vent de l'opinion et aux traits de la polémique ce que j'ai nommé des fragments, laissant entendre qu'ils n'ont pas dit leur dernier mot, et que le vulgaire est impuissant à juger leur système et leur philosophie, attendu qu'ils gardent pour eux seuls, dans le mystère de leur génie, le lien qui réunit en un tout harmonieux tant de morceaux épars et de fragments dispersés.

Je le sais, pour résoudre pratiquement ce difficile problème, on a tenté une autre voie. Pour donner satisfaction à notre besoin de posséder la vérité tout entière, on nous a dit, avec une gravité qui étonne dans une pareille solution : La philosophie possède toute la vérité; non pas toute la vérité condensée dans un seul système, mais toute la vérité répandue dans l'ensemble des systèmes. Et, réunissant devant nous, du fond de tous les siècles et de toutes les civilisations, cette vaste poussière de philosophies et de systèmes accumulée par l'esprit humain depuis plus de trois mille ans, des philosophes ont dit : Tous ces systèmes sont vrais, puisque chacun renferme une part de la vérité ; tous ces systèmes sont faux, puisque par leur côté exclusif ils renferment l'erreur : mais toutes les vérités sont là confondues avec les erreurs infiniment plus nombreuses qu'elles-mêmes, attendant que le génie des philosophes de l'avenir vienne les en dégager : c'est le travail progressif de la philosophie de séparer de plus en plus les éléments du vrai des éléments du faux, pour composer de vérité pure un système homogène et un tout harmonieux.

En termes industriels, cela reviendrait à peu près à dire : Voici devant vous l'immense minerai philosophique extrait de toutes les mines de la science par le génie de l'investigation : à vous, Messieurs, d'en tirer comme vous pourrez l'or pur de la vérité dégagée de toute erreur et le problème est résolu.

Assurément, dites-vous, si la philosophie nous donne un procédé infaillible pour séparer ici la vérité pure de la vérité brute; si vraiment elle a un moyen sûr de distinguer ces perles précieuses enfouies au fond des systèmes sous des monceaux de poussière, nous comprenons que la philosophie se tire ici d'embarras, et que, rapprochant tant bien que mal toutes ces parcelles détachées, elle en compose le trésor de la vérité pure. Mais, ou nous nous trompons fort, ou c'est bien là que gît toute la difficulté. — Que vous êtes simples, dit ici en souriant la philosophie; on vous dit : Tous ces systèmes sont vrais, parce qu'ils renferment la vérité; tous ces systèmes sont faux, parce qu'ils renferment l'erreur. De quoi vous embarrassez-vous? Prenez le vrai et laissez le faux; recueillez l'or de la vérité, et laissez la scorie de l'erreur; et tout est fini. — Oui, tout est fini si nous tenons vraiment l'or; mais qui nous garantira que nous n'avons choisi que l'or?... Cet or brille-t-il à tous les yeux? Alors, comment tant d'hommes ont-ils pu s'y tromper? Cet or est-il caché et difficile à reconnaître? Alors, comment serai-je sûr de ne m'y pas tromper moi-même?

Vous le voyez, Messieurs, la philosophie humaine, quoi qu'elle fasse, est ici enfermée dans un cercle dont elle ne peut sortir, réduite à l'alternative d'offrir à l'intelligence humaine ou bien la vérité brisée en fragments, ou la vérité mêlée à l'erreur; et ainsi elle est condamnée à l'impuissance de constituer jamais le code de la vérité complète. En effet, pour sortir ici d'embarras, on ne peut imaginer que deux procédés; et ces deux procédés sont également inefficaces. De deux choses l'une est inévitable : ou bien, parmi les mille systèmes qui se disputent l'empire de l'intelligence humaine, la philosophie choisit un système qu'elle déclare contenir toute la vérité; ou bien elle consacre tous les systèmes, déclarant que la vérité est en tous mêlée aux erreurs qui les séparent. Quant à la première supposition, elle est manifestement impossible. Comment la philosophie rationaliste s'y prendrait-elle pour faire admettre qu'un système, un seul, est vrai au détriment de tous les autres? Qui fera cette déclaration? Sera-ce une fraction de philosophes?

Mais pourquoi cette fraction imposera-t-elle son infaillibilité à la majorité des penseurs, qui sont aussi des philosophes? Qui ne voit que cette suprématie octroyée à un système de philosophie au détriment de tous les autres doit aboutir à l'exclusion de tous par tous, chacun réclamant naturellement la suprématie pour le système qu'il nomme son système, et pour la philosophie qui a l'honneur d'être sa philosophie?

D'ailleurs, quel moyen infaillible peut imaginer la philosophie pour choisir entre mille systèmes le vrai système, en supposant même qu'un d'entre eux le fût incontestablement? Vous dites que pour diriger l'humanité vous ne voulez vous servir que du meilleur système. Fort bien; mais de quel système vous servez vous pour découvrir le meilleur système? Tous se déclarent bons; comment trouver le meilleur? Ferez-vous pour ce discernement usage d'un système? Mais comment ce système, s'il n'est lui-même reconnu d'avance comme renfermant la vérité, pourra-t-il vous servir pour découvrir la vérité? Vous prendrez donc le meilleur des systèmes pour discerner le meilleur des systèmes? ce qui serait pour un philosophe un peu plus que naïf. Car enfin si vous connaissez déjà le meilleur des systèmes, pourquoi le cherchez-vous? Et ne voyez-vous pas que vous nous donnez pour solution la difficulté elle-même? Ferez-vous votre choix sans prendre pour critérium un autre système? Mais alors vous retombez dans la contradiction par un autre chemin; vous faites un choix sans règle et un discernement sans critique : ce qui est aussi contradictoire dans les mots que dans les choses. C'est un des vôtres qui vous a dit lui-même dans son embarras : « Il n'y a pas de critique possible des philosophies sans une philosophie. » Et il s'agit précisément de rechercher où est la vraie philosophie.

Ainsi le rationalisme est impuissant pour réaliser les trois premières conditions qu'exige la philosophie directrice de l'esprit humain. Nous allons voir qu'il n'est pas plus heureux pour réaliser les trois autres.

Je suppose un moment que le génie philosophique ait fait ce miracle inouï dans l'histoire de la pensée humaine. Vous avez pris dans chaque système une parcelle de la vérité philosophique. Vous avez recueilli dans cette philosophie un grain de sensualisme, dans cette autre un grain de spiritualisme, dans une troisième un grain de mysticisme, dans une quatrième un grain de stoïcisme, et dans une cinquième un grain de scepticisme : encore en faut-il ; on n'est pas philosophe pour affirmer toujours, et savoir douter à propos est d'une bonne philosophie. Donc, vous avez pris un peu d'Aristote et un peu de Platon, un peu d'Epicure et un peu de Zénon, un peu de tous, mais le tout de personne : et de tous ces lambeaux, remis à neuf avec un art et une habileté de premier ordre, vous avez composé le manteau superbe dans lequel votre philosophie se drape avec orgueil ; et vous dites : Regardez-moi : l'or de la vérité brille seul sur mon manteau ; je suis modéré ; je laisse à chacun son exagération et son erreur ; j'ai composé d'or pur le royal vêtement de l'esprit humain.

Cependant, ne vous félicitez pas trop : si vous voulez que votre philosophie soit la directrice de l'humanité, ce n'est pas assez d'avoir trouvé la vérité philosophique, même la vérité entière, il vous reste à la faire accepter de tous ; c'est peu de faire pour votre propre compte la plénitude dans la doctrine, si vous ne faites aussi l'unité dans les intelligences ; à quelque point de vue que vous vous placiez, vous ne pouvez prétendre au progrès des intelligences par la division des intelligences. Si, comme je le suppose, votre système est l'ensemble harmonieux où la vérité seule est admise et d'où l'erreur est exclue ; pour que ce système serve au Progrès du monde il faut que les intelligences lui donnent leur adhésion ; à moins d'admettre que le progrès intellectuel a sa raison d'être dans l'erreur aussi bien que dans la vérité. Pour faire accepter votre philosophie gratuitement supposée la vraie, quel moyen avez-vous ? Comment votre pensée individuelle deviendra-t-elle la pensée fraternelle ?

Admettrez-vous la seconde hypothèse, celle qui consacre toutes les philosophies, qui absout tous les systèmes et déclare que toutes les vérités s'y trouvent ; mais, comme nous le disions tout à l'heure, mêlées et confondues aux erreurs qui résultent de leur point de vue exclusif ? Mais ici revient l'inévitable, l'invincible difficulté : y a-t-il un procédé infaillible pour discerner dans les philosophies qui se disputent mon intelligence le vrai du faux ? Si ce moyen a existé, d'où vient qu'aucun philosophe n'a pu s'en servir pour séparer dans sa philosophie la vérité pure de tout alliage d'erreur ? Et s'il est de votre invention, que ne l'employez-vous pour former enfin la philosophie qui renferme le vrai, tout le vrai et rien que le vrai ? Si au contraire ce moyen infaillible n'existe pas, à quoi peut me servir pour guider ma pensée de savoir que toutes les vérités sont éparses à travers tous les labyrinthes des philosophies anciennes et modernes, puisque je n'ai pas le fil conducteur qui doit me conduire sûrement à la découverte de chacune et de toutes ? Quelle cruelle dérision de nous donner comme le secret de toutes les solutions ce qui ne peut pas être le secret d'une seule ? A quoi me sert de savoir que la vérité gît dans les livres de tous vos sages, ensevelie dans toutes les nécropoles de la pensée, sous la poussière d'un million de systèmes dont je n'ai pas même le temps de connaître ni les dates, ni les auteurs, ni les noms ? Quoi ! vous dit l'humanité déses-

pérée au spectacle de vos impuissances, quoi !
trois mille ans de labeur intellectuel et d'investigation philosophique pour arriver au
xixe siècle à cette solution dérisoire : choisir
dans chaque philosophie ce qu'elle renferme de
vrai et laisser de chaque philosophie ce qu'elle
renferme de faux ; alors que la difficulté est là
précisément : trouver l'infaillible moyen de
choisir le vrai et de laisser le faux !... Mais,
est-ce que, depuis qu'elle est à l'œuvre, la philosophie a prétendu autre chose? Est-ce que
son éternelle prétention et en même temps son
éternelle impuissance n'est pas précisément de
n'admettre que le vrai et de ne rejeter que le
faux? ... Allez, vous êtes jugés ; ce procédé,
vieux comme la philosophie elle-même, pas
plus dans Paris que dans Athènes ou dans
Alexandrie, n'aboutira à créer ce que demande le progrès général de l'esprit humain,
le catéchisme de la vérité complète.

Je l'ai dit : pour créer l'unité des esprits
vous ne pouvez invoquer ni la puissance persuasive de la parole, ni la force innée de l'évidence, ni la puissance arbitraire d'une autocratie. Quelle puissance invoquerez-vous donc ?

Ah! vous invoquerez ce que vous nommez le principe générateur de la philosophie moderne: l'indépendance absolue de la raison. Mais comment de ce principe essentiel de toute division l'unité des esprits pourra-t-elle sortir? En vertu de quelle puissance mystérieuse les intelligences nécessairement séparées par un principe qui divise, pourraient-elles se rapprocher pour s'embrasser dans l'unité? Est-ce que vous ne voyez pas que ce principe, au lieu de pouvoir jamais arriver à constituer la philosophie complète, une, populaire et progressive, est précisément le principe destructeur de toute unité et de toute harmonie philosophique? Je l'ai dit, et je le maintiens, cet adage fameux posé comme un axiome par tout le rationalisme moderne est l'erreur mère en matière même de philosophie; c'est le germe qui renferme toutes les erreurs et les engendre toutes avec le caractère qui les distingue, c'est-à-dire avec le signe de la séparation, de la division et du chaos. L'indépendance absolue de la raison humaine est la consécration de l'individualisme absolu dans le domaine de la pensée : et qu'est-ce que l'individualisme, si ce n'est la négation de l'unité ? Qu'est-ce, si ce n'est l'individu lui-même se posant comme centre et comme unité, et créant indéfiniment dans l'humanité la division des intelligences et l'isolement de la pensée ? L'indépendance absolue de la raison, c'est le protestantisme philosophique créant la poussière des systèmes, comme le protestantisme religieux crée la poussière des sectes.

Et remarquez-le bien, la division une fois inoculée aux intelligences par ce germe de toute division devient irrémédiable ; rien ne la peut guérir ; rien ne peut plus l'empêcher d'emporter les esprits dans un fractionnement indéfini vers le néant, où tendent toutes les intelligences détournées de leur centre et retournées sur elles-mêmes. Alors, c'est en vain que les philosophes même les mieux intentionnés et les rationalistes même les plus modérés, essayeraient d'arrêter avec le débordement des erreurs la division toujours croissante des esprits. Il y a une voix qui crie à l'erreur comme le temps crie à tout homme : Marche, marche. Les sages sont vaincus par leur propre principe ; leur philosophie, jusqu'à un certain point demeurée digue et austère, se sent débordée par le torrent qu'elle-même a déchaîné : elle jette le cri d'alarme ; elle maudit les entraînements du matérialisme, du socialisme et du positivisme qui coulent à pleins bords ; et l'on entend des sages effarés, mais toujours confiants en leur propre sagesse, crier à leurs confrères emportés avec leur principe jusqu'aux extrêmes limites de l'absurde : Quoi ! vous niez l'esprit et n'affirmez que la matière ! Quoi ! vous niez la substance et n'affirmez que le phénomène ! Quoi ! vous niez l'absolu et n'affirmez que le relatif ! Quoi ! vous niez la conscience et n'affirmez que le plaisir ! Quoi ! vous niez la loi morale et n'affirmez que la physique ! Ah ! vous niez le sens commun ; notre philosophie ne vous reconnaît plus. — Vains efforts : tous répondent armés du même principe : A nous l'indépendance absolue ; vous avez vos idées, nous avons nos idées ; vous avez votre philosophie, nous avons notre philosophie ; laissez-nous passer : notre division, c'est notre bien.

Aussi, Messieurs, aujourd'hui que ce principe est proclamé plus que jamais, quel spectacle donne à la terre, en dehors de l'orthodoxie, la science philosophique? Nous avons sous nos yeux la même division que la philosophie a réalisée à toutes ses grandes époques, mais agrandie et multipliée par la fièvre d'indépendance qui a saisi la pensée moderne. A toutes les époques, les hommes qui s'intitulent philosophes se divisent tout d'abord dans les quatre ou cinq groupes que j'ai indiqués. Puis, chacun de ces groupes, à son tour, se divise et se subdivise; et il y a, sur chaque point du monde philosophique, les divisions des divisions, les parties des parties et les fractions des fractions. Si bien que c'est une rare fortune de rencontrer dans Athènes, dans Rome ou dans Paris trois philosophes unis dans une même pensée et dans un accord parfait sur les plus graves questions qui intéressent l'humanité. Vous rencontrerez peut-être un philosophe disant d'un autre: « Mon ami Antisthène ou mon ami Chrysippe; » mais allez au fond; et vous verrez que l'ami de Chrysippe diffère de Chrysippe, et que l'ami d'Antisthène diffère d'Antisthène, non-seulement sur des points secondaires, mais sur des questions de premier ordre, où tous les philosophes devraient s'entendre si la philosophie était vraiment appelée à remplir dans l'humanité le sacerdoce des âmes. La philosophie donne à peu près, au point de vue de ses divisions, le spectacle que donnent invariablement les grandes assemblées politiques partout où la presse et la parole n'ont pas leur thème imposé ou leur programme tracé par une pensée autocratique : il y a la droite, la gauche et le centre ; il y a la plaine et la montagne ; et puis le centre droit et le centre gauche ; et puis tous les degrés distincts qui conduisent de la plaine au sommet de la montagne.

Telle est l'image des divisions philosophiques ; avec cette différence très-remarquable que les groupes politiques se divisent sur des questions secondaires dans la vie de l'humanité, tandis que les groupes philosophiques discutent les questions de vie ou de mort de l'humanité. On dit au parlement politique : Faut-il pour gouverner la nation un ou plusieurs ? faut-il un pouvoir absolu ou un pouvoir pondéré ? faut-il deux Chambres, ou une seulement, ou point du tout ? Assurément, ces questions sont graves dans la sphère politique; mais au point de vue général de l'humanité, de sa grandeur ou de son abaissement, qu'est-ce que ces questions devant celles-ci : L'homme est-il matière tout entier ? L'homme est-il libre ? L'homme a-t-il la responsabilité morale de tous ses actes libres ? Existe-t-il un Dieu vivant et personnel ? L'homme a-t-il une vie par delà son tombeau ? Cette vie sera-t-elle éternelle ? Y aura-t-il dans cette autre vie des hommes méchants punis et des hommes justes récompensés ?... Or, sur ces questions, qui demeurent à jamais les suprêmes questions, comment se partage dans son vote ce grand parlement philosophique, qui parle à tous les vents du ciel depuis plus de trois mille ans? Il se partage en trois grandes divisions ; la première vote pour, la seconde vote contre, et la troisième ne vote ni pour ni contre!

Voilà, Messieurs, l'attitude générale de la philosophie quand elle marche seule, en présence des plus grands problèmes qui puissent préoccuper le génie. Et comme si la philosophie elle-même se plaisait à désespérer l'esprit humain, ce sont des philosophes qui viennent nous déclarer que tous ces systèmes qui partagent le monde philosophique : spiritualisme, matérialisme, scepticisme, mysticisme, « sont aussi vieux que la philosophie elle-même, et sont inhérents à l'esprit humain qui les produit un premier jour et les reproduit sans cesse ; et que prétendre établir la domination d'un seul de ces systèmes serait une tentative vaine et le tombeau de la philosophie ; chacun d'eux étant le frère de tous les autres et le fils légitime de l'esprit humain. »

Or, si la philosophie se condamne elle-même à reproduire à toutes les grandes époques ces spectacles de division, je demande comment elle peut espérer produire dans les multitudes qu'elle se donne la mission de diriger, autre chose que l'éternelle division et l'éternel chaos des intelligences ?

Ah ! si c'est là le Progrès que vous rêvez, une division toujours croissante, un fractionnement indéfini, que dis-je ? une pulvérisation éternelle de notre pensée broyée entre mille systèmes ; jouissez de votre Progrès : vous avez bien réussi. Voici devant vous toutes les intelligences, les grandes et les petites, non pas unies par le même ciment pour construire en s'unissant ce magnifique édifice de la science que vous nous promettez sans cesse, et dont les fondements ne peuvent pas même être posés sur le sable mouvant où votre pensée s'agite toujours sans se fixer jamais ; vous voici plus divisés entre vous que ces grains de sable eux-mêmes que vous pouvez accumuler éternellement, mais que vous ne parviendrez pas à unir : vous voici, atomes intelligents, jetés çà et là dans le monde de la pensée, n'ayant pas même la gloire fraternelle de vous trouver associés à un autre atome ; et tandis que les atomes matériels comme les soleils s'attirent pour s'unir et marcher ensemble dans l'harmonie du monde physique, vous les atomes libres que Dieu a créés pour réaliser le monde et l'harmonie morale, vous vous en allez, affranchis par votre indépendance de toute loi d'attraction, dans une division sans fin et une divergence qui ne connaît pas de limites.

Mais, Messieurs, il y a un autre signe encore auquel vous reconnaîtrez infailliblement l'impuissance de la philosophie rationaliste pour diriger l'esprit humain dans ses voies : c'est la stérilité. La doctrine ou la philosophie qui veut marcher à la tête de l'esprit humain ne peut pas être une simple gymnastique des intelligences, un jeu sublime où la science joûte contre la science, une sorte de tournoi intellectuel où viennent se mesurer, l'humanité les regardant faire, les chevaliers de la philosophie. La doctrine que nous cherchons doit être la nourrice de l'esprit humain, et elle doit se donner elle-même à l'humanité comme son pain de chaque jour ; elle doit être féconde, féconde surtout dans les intelligences, toute-puissante pour lui donner les solutions qui sont l'objet de ses labeurs. Nous avons vu la fécondité de la philosophie catholique s'attestant par ses œuvres : nous avons le droit et le devoir de demander à la sagesse humaine ce qu'elle a fait et ce qu'elle fait encore pour l'humanité. Où sont les œuvres qui attestent sa puissance et sa fécondité ?

Un exemple peut tenir ici lieu des autres : le stoïcisme, la plus spiritualiste et la plus austère des philosophies morales, n'a rien fait. Le stoïcisme est la négation du Progrès ; « le stoïcien se drape sur les ruines du monde, mais il ne *marche* pas ; il élève la statue de fer du devoir, mais il ne sait pas l'animer. L'histoire du stoïcisme est comme une curieuse galerie de tableaux et de bustes antiques ; mais demandez-lui ce qu'il a fait dans la civilisation historique du monde ; il est muet. Je le sais, il a des disciples sur le trône, les Antonins ; parmi les esclaves, Épictète ; parmi les beaux esprits, Sénèque. Tout cela est fort noble et fort beau, mais entièrement stérile. La vertu même qu'il enseignait n'a rien pu pour créer les mœurs populaires. On ne peut pousser plus loin la noble exagération d'une vertu inutile. Marc-Aurèle sur le trône ne tire du Portique que des règles de vertu individuelle ; son stoïcisme n'a pas ranimé l'empire. Le mérite unique de cette philosophie fut d'exalter outre mesure l'individualité, mais sans la féconder. Le stoïcien doit supporter et s'abstenir, mais rien ne l'oblige d'agir ; il résiste toujours, jamais il ne veut conquérir. Loin d'aimer les autres hommes qu'il ne trouve pas à son point, il les méprise. Il se retire dans son orgueil, il se gonfle ; il ne s'épanche pas... Les stoïciens ne demandaient pas mieux que de se mêler des affaires. Mais qu'ont-ils fait? quel dévouement pour l'humanité? où sont les actes positifs, les institutions durables? où est la parole et le pain pour l'humanité? »

Peut-être êtes-vous tentés, Messieurs, de trouver sévère ce jugement du stoïcisme au point de vue de l'influence et de la fécondité. Je suis heureux de vous dire que ce jugement est celui d'un philosophe. J'ai cité cet auteur d'abord parce qu'il est difficile de mieux dire, et surtout parce que venant de lui ces paroles sont deux fois éloquentes. Or, si telle fut la stérilité de la philosophie humaine qui eut le plus de prétention et de droit à la fécondité et à l'influence; si cette secte austère, la plus haute contrefaçon de la philosophie chrétienne, a donné ce spectacle de stérilité et d'impuissance, que dirons-nous des philosophies qui par la valeur doctrinale et la dignité morale sont restées bien au-dessous des disciples du Portique? Si le stoïcisme rajeuni, renouvelé, perfectionné de toutes manières n'a pu conquérir, ni dans les mœurs ni dans la civilisation, l'honneur d'un ascendant sérieux et d'une influence féconde, que faudra-t-il penser de ces philosophies corruptrices, filles perdues du génie tombé dans la fange, qui n'ont pas rougi de conspirer avec les plus grossiers instincts de l'humanité ? Si Zénon fut stérile, qu'attendre d'Epicure pour la fécondation de la vie et l'élévation des mœurs ?

Du moins, la philosophie a-t-elle été féconde dans l'œuvre qui la touche directement, je veux dire la solution des grands problèmes de la vie ? Non, Messieurs, non ; son travail est toujours à recommencer ; travail stérile qui n'aboutit qu'à la fatigue, et où l'humanité après trois mille ans ne se trouve pas plus avancée qu'elle n'était à l'heure de ses premières tentatives. En doutez-vous ? écoutez le témoignage d'un de vos philosophes ; frappé de la stérilité d'un travail qu'il espérait encore, après tant d'efforts avortés, rendre fécond lui-même, il disait :

« La philosophie comprend un très-grand nombre de problèmes différents qui ont été agités dans tous les temps. Or, prenez un quelconque de ces problèmes, et vous trouverez que chacun d'eux est aussi peu résolu de nos jours que du temps d'Aristote. Trois ou quatre grandes opinions se disputent au dix-neuvième siècle comme dans l'antiquité la gloire de les résoudre. Mais entre ces opinions il n'y a rien de décidé...... Prenez une question philosophique quelconque ; notez le jour où les premiers systèmes pour la résoudre s'élevèrent ; comparez ces systèmes à ceux qui se disputent aujourd'hui l'honneur de la décider. Vous trouverez sans doute plus de perfection et de développement dans ces derniers ; mais vous verrez que leur probabilité relative n'a pas varié ; leur progrès, loin d'aboutir à résoudre la question, n'a fait que consacrer d'une manière plus scientifique son incertitude..... Cependant, ces questions, Pythagore et Démocrite, Aristote et Platon, Zénon et Épicure, Descartes et Bacon, Locke et Kant les ont agitées. Ce n'est donc pas faute de génie qu'elles n'ont pas été résolues. Qu'y a-t-il dans la philosophie qui ait rendu tout ce génie impuissant ? D'où vient qu'une science remuée par de si puissantes mains demeure éternellement inféconde ? »

D'où vient ? C'est la question que prétendait résoudre naguère au milieu de nous ce beau talent qui convainquait avec un si solennel éclat la philosophie d'impuissance ; et qui disparut lui-même, avant d'avoir pu poser les premières assises de cet édifice de la science future que tant de génies trompés croyaient alors entrevoir à travers le brouillard épais qui voilait l'avenir. Un jour que ses disciples lui demandaient avec une curiosité ardente, quand et par qui allait apparaître la foi et la doctrine nouvelle, il répondit par ces paroles où se peignaient à la fois et son âme et son siècle : « N'espérez pas voir paraître demain ce qui vous manque aujourd'hui, ce quelque chose de mystérieux et de caché dans l'avenir ; programme indéchiffrable que je définis, moi : un nouveau système de croyance sur les grandes et éternelles questions qui intéressent l'humanité.... Ceux qui prêchent un meilleur ordre de choses, ne définissent pas ce meilleur ordre de choses ; ils pressentent ces vérités comme le peuple, sans les savoir plus que lui. Ils seraient dans le vrai s'ils savaient qu'ils ne les savent pas ; ils le seraient encore plus s'ils comprenaient qu'ils ne peuvent pas les savoir... Aujourd'hui, il n'y a pas encore *l'ombre d'un symptôme de l'apparition des doctrines nouvelles.* »

Quel témoignage de la fécondité philosophique; quel encouragement donné aux philosophes! Et que dire de tels aveux?

Je ne sais si vous entendez mieux que moi ce que c'est que l'*ombre* d'un *symptôme* d'une *apparition* d'une *doctrine*; quoi qu'il en soit, de l'aveu du philosophe, il n'y a pas même cela! Quel style! Messieurs; et ce qui est bien autrement grave, quel état intellectuel un tel langage suppose dans l'un des plus brillants représentants de la philosophie nouvelle, et dans un siècle surtout si fier de ses conquêtes!

Comment, après ces aveux des philosophes, croirai-je à la fécondité de la philosophie? Comment compterai-je sur ses efforts toujours perdus et sur ses travaux toujours stériles, pour donner à nos esprits la *parole* et le *pain*? Et cependant, devant ces témoignages de la stérilité de son passé, des hommes, avec un courage que j'admire, croient ou feignent de croire encore à la fécondité de son avenir. La philosophie, dit-on, va devenir féconde, car elle a trouvé le ressort de sa puissance et le germe de sa fécondité. Elle va devenir! Oui, toujours des promesses, toujours des espérances ; l'avenir, toujours l'avenir !... O prophètes, espérez ; moi, je crois que votre passé mieux que vous prophétise votre avenir : inféconde hier, inféconde aujourd'hui, votre philosophie le sera encore demain, et toujours !

Mais, je l'ai dit, quand il s'agit de gouverner l'esprit humain et de le guider dans sa route, pour une doctrine, ce n'est pas tout d'être la vérité trouvée, certaine, complète, une, féconde ; la grande difficulté, et en même temps la nécessité souveraine, c'est de durer. Que pourrait pour guider l'esprit humain une philosophie condamnée à refaire sans cesse son symbole et qui, sous prétexte de transformation progressive, mettrait sa gloire à maudire aujourd'hui ce qu'elle enseignait hier ? Que serait pour notre progrès réel une philosophie qui n'aurait jamais à nous donner que des débris ramassés dans des décombres ? Qui ne voit que ce travail ne serait que la perpétuité de la ruine ? Et qui ne comprend qu'il n'aurait pour résultat que la fatalité de la décadence ? Si, comme nous l'avons vu, même dans les sphères inférieures la vie ne se soutient et ne se développe que selon certaines lois constantes ; comment les intelligences qui vivent d'immuable et d'absolu trouveraient-elles leur vie et leur progrès dans la perpétuité de la variation et du changement ?

Or, Messieurs, parmi tant de défaillances déjà remarquées dans les philosophies purement humaines, savez-vous ce qui me frappe par-dessus tout ? L'impuissance de durer. Ah ! oui, je le dis avec tristesse, l'impuissance de durer ! Je ne sais quelle invincible caducité qui les atteint presque à leur berceau et ne leur permet pas même de recueillir les fruits de leur maturité ! Je ne sais quels souffles qui passent et enlèvent en tourbillons obscurs cette poussière de doctrines que la philosophie sème sur sa route séculaire ! Je ne sais quel torrent des idées, des choses et des événements qui emporte comme des naufragés les philosophes et leurs systèmes, essayant en vain de se rattacher au rivage ! Histoire de la caducité doctrinale et de la mortalité philosophique déjà vieille dans l'humanité, et qui se fait encore chaque jour, ne nous laissant lire même à la dernière page que ce qu'elle racontait à la première : des débris de doctrines, des ruines de systèmes !... Ah ! ceux qui venaient nous apprendre un jour *comment les dogmes finissent*, ont subi leur châtiment : ils n'ont réussi qu'à nous montrer une chose : *comment finissent les philosophies*. A peine elles avaient fait quelques pas dans ce siècle qu'elles promettaient de régénérer, que le temps déjà les avait blessées à mort ; et elles sont mortes, mortes sans espoir de résurrection !

Où sont les philosophies qui aspiraient à transformer le monde il y a trente ans ? Que sont devenues toutes ces doctrines, toutes ces réformes, toutes ces utopies, toutes ces encyclopédies, toutes ces sectes, toutes ces philosophies, et même toutes ces religions alors si nouvelles et si fières de leur jeunesse ? Elles sont vieilles ; elles ont partout des rides et des flétrissures ; et si elles essayent encore de ricaner un peu par les lèvres de quelque réformateur caduc ou de quelque messie tombé en enfance, ce n'est que pour mieux montrer avec le spectacle de leur vétusté le ridicule qui flétrit dans les personnes et les choses vieillies les contrefaçons de la jeunesse. Que reste-t-il de tant d'efforts d'intelligence et de tant de bruits de paroles, à quoi les générations puissent se rattacher? Rien que ce qu'elles ont eu de conforme au christianisme, rien que ce qu'elles ont dérobé au christianisme, rien par conséquent que ce que le peuple possédait avant leur naissance et qu'il continuera de posséder après leur mort.

Encore une fois, je le demande, où sont les génies qui ont créé pour l'avenir quelque chose de permanent? Où est celui surtout qui a rassemblé autour de son idée les multitudes prêtes à marcher au seul flambeau de sa doctrine à la conquête de l'avenir?... Qu'il se lève, et qu'il dise : Ce philosophe, c'est moi. Ma pensée a conquis les intelligences ; et par elle désormais devenue stable et parmanente l'humanité vivra, elle marchera, elle grandira. » Qui peut se rendre à lui-même ce témoignage de la durée? qui peut montrer sur son œuvre achevée ce sceau de la perpétuité? qui? Personne! Non, pas un n'a pu et ne peut encore garantir à sa doctrine la possession du temps et le règne dans la durée. Au contraire, c'est la durée qui triomphe d'eux; c'est le temps qui dévore leurs œuvres et insulte en passant sur leurs ruines à la fragilité de leurs doctrines. Ainsi meurent dans le temps les philosophies qui ont la prétention de voir mourir les dogmes éternels : elles tombent à l'état de poussière, même sous les yeux de leurs auteurs ; et l'homme qui à trente ans, dans le premier enthousiasme de sa pensée, croyait fonder un édifice capable de traverser les siècles, le voit à soixante tomber pièce à pièce ; il assiste à la démolition de son œuvre, accomplie sous ses yeux par la race foisonnante et toujours renouvelée des démolisseurs : génies dévorants et jaloux qui viennent ronger votre ciment et dérober les pierres disjointes de votre édifice, pour essayer avec les débris la reconstruction d'un édifice nouveau qui s'écroulera demain dans une ruine pareille !

Aussi, Messieurs, devant ces immenses débris de systèmes et de philosophies, qui jonchent d'époque en époque la grande route des siècles traversés par l'esprit humain ; témoin de tant de tentatives vaines et de travaux inutiles, je me demande où vont chercher leur courage ces infatigables travailleurs qui reviennent encore recommencer sous nos yeux, pour la centième ou la millième fois, une œuvre toujours avortée, et condamnée par la force des choses à d'inévitables avortements. Je me demande comment ils ne tombent pas tristes et désespérés sur ce terrain aride où leur génie revient sans cesse relever des ruines qui doivent s'écrouler toujours. Mais non, loin de s'avouer leur impuissance, ils triomphent au milieu même de ces ruines. Cette multitude de systèmes qui s'élèvent et qui tombent, ces doctrines qui viennent et ces doctrines qui s'en vont; ces philosophies qui se heurtent et se pulvérisent les unes les autres, à les entendre, c'est l'attestation de leur progrès, c'est le témoignage de leur énergie, c'est la preuve de leur puissance! Quoi! agrandir vos ruines, quoi! accumuler la poussière; quoi! multiplier les débris, vous nommez cela votre puissance! Et ces perpétuels écroulements qui sont le bruit et la réalité de l'histoire des intelligences c'est ce que vous nommez les créations de la philosophie! Oh! pitié pour le génie humain consommant une énergie toujours trompée dans des efforts toujours perdus! Pitié surtout pour ces générations humaines, qui invoquent pour s'abriter contre les orages, non des ruines qui tombent et l'entraînent dans leur chute, mais un édifice qui demeure toujours debout, plus fort que toutes les tempêtes. Pourquoi toujours chercher? pourquoi toujours creuser? pourquoi toujours essayer des constructions d'un jour qu'emporte le lendemain, lorsque l'édifice est là; lorsque le temple de la doctrine est achevé, et demeure depuis deux mille ans ferme sur ses assises, vaste comme le monde et fort comme la durée; pareil à cette basilique séculaire qui a vu passer tant d'hommes, d'institutions et de doctrines, et qui demeure comme l'expression visible de ce temple de la vérité bâti par le Verbe sur des fondements divins, pour abriter contre toutes les erreurs les générations humaines.

Regardez-la, Messieurs, cette magnifique architecture de Notre-Dame : c'est la gloire de Jésus-Christ de l'avoir inspirée; c'est l'honneur de vos pères de l'avoir édifiée; ce sera le vôtre dans la postérité de l'avoir restaurée. Mais, pour restaurer ce grand chef-d'œuvre, est-ce que vous avez songé à déplacer ses fondements, à changer ses proportions, à transformer son harmonie? Non, vous n'avez songé qu'à renouveler sa jeunesse et à lui restituer sa primitive beauté. C'est la splendide image de ce temple de la vérité jeté sur d'inébranlables assises, et qui demeure toujours beau dans son immuable architecture. Ah! c'est le lieu de nos intelligences; c'est la patrie de nos âmes; demeurons-y; et tous ensemble disons à jamais dans ce temple de Dieu le *Credo* de la vérité qui ne change pas, et qui fera jusqu'à la fin des siècles l'agrandissement de l'esprit humain.

TABLE DES MATIÈRES.

PREMIÈRE CONFÉRENCE.

Progrès de l'intelligence par l'harmonie de la raison
et de la foi. 3

DEUXIÈME CONFÉRENCE.

Progrès de l'intelligence par l'harmonie de la raison
et de la foi (suite). 55

TROISIÈME CONFÉRENCE.

Indépendance de la raison abaissement de l'intelligence. 111

QUATRIÈME CONFÉRENCE.

Le Progrès intellectuel et le dogme immuable. . . 171

CINQUIÈME CONFÉRENCE.

Le Progrès intellectuel par la doctrine catholique. . 227

SIXIÈME CONFÉRENCE.

Décadence intellectuelle par la philosophie rationaliste. 281

Paris. — Imprimerie ADRIEN LE CLERE, rue Cassette, 29.

www.ingramcontent.com/pod-product-compliance
Lightning Source LLC
Chambersburg PA
CBHW070608160426
43194CB00009B/1220